中华经典美文

诵读读本

郭家华 主编

百花洲文艺出版社
BAIHUAZHOU LITERATURE AND ART PRESS

中华经典美文

诵读读本

红色经典品读

主　编：郭家华

副主编：谢建春

编　委：吴诗萍　　胡群芳　　钟　声　　黄世凤

　　　　肖日红　　江兴秀　　刘小燕　　谢远秀

前　言

　　在我国绵延数千年的传统文化中，经典美文以其蓬勃的生命力而长盛不衰。它们语言凝练，内涵丰富，意境高远，富有哲理。我们从中可以了解到名家深邃的思想、高度的爱国热情、崇高的人格精神。

　　大声地诵读，静静地品味，那些深刻的思想、高雅的审美、丰富的情感、华美的文采将浸润我们的灵魂，丰盈我们的生命，烛照我们前行的道路。《九年制义务教育语文课程标准》（2012年最新修订版）指出："语文课程应为提高学生道德品质（思想道德素质）和科学文化素养，弘扬和培育民族精神，增强民族创造力和凝聚力，发挥积极的作用。""语文课程还应通过优秀文化的熏陶感染，提高学生的思想道德修养和审美情趣，使他们逐步形成良好的个性和健全的人格，促进德、智、体、美诸方面的和谐发展。"

　　《国务院关于支持赣南等原中央苏区振兴发展的若干意见》（2012年6月）中，对赣南等原中央苏区的战略定位做出了准确的表述，其中之一就是：红色文化传承创新区。《若干意见》强调："要推动红色文化发展创新，提升苏区精神和红色文化影响力。"

　　《十八大报告》（2012年11月）更是把立德、树人作为教育的根本任务，指示："要建设优秀传统文化传承体系，弘扬中华优秀传统文化。""推动社会主义文化强国建设。"

《新课程标准》、《若干意见》、《十八大报告》的出台，使我们教育工作者如沐春风，我们修订再版的《中华经典美文诵读读本》之《红色经典品读》，正是催生在这和煦的春风下，植根于幸福教育的沃土中。我们相信，通过诵读，不仅能让孩子们领略到中华文化的璀璨，感受到经典文化的深刻内涵，还能使他们的情感得以陶冶，灵魂得以洗涤，心灵得以净化。让他们在"润物细无声"中形成良好的道德习惯，在潜移默化中提升文化品位，丰厚文化底蕴，使他们终生受益。

再版的《中华经典美文诵读读本》之《红色经典品读》，是在第一版《中华经典美文诵读读本》诵读实践的基础上，围绕着"立德、树人"的主题来选文，精选出那些最受孩子们喜欢的、最适宜诵读的，并极具感染力的名家名篇，再加上革命诗词等红色元素，分"春风化雨 小芽儿悄悄长"、"沐浴阳光 一路欢歌远航"、"踏歌抒怀 点燃豪情万丈"三部分成书。这三部分在编排上既注重了诵读的梯度，又注重了思维的延伸；既具独立性，又有连贯性。它们螺旋上升，共同演绎生命的价值，生活的意义，幸福的真谛。每篇文章后面，都配有优秀教师精心撰写的编者寄语，目的在于帮助孩子们感受精品的奥秘，更快地与作者产生共鸣，达到"让生命在教育中诗意栖居"的目的。

每一天，伴随着迷人的晨光，沐浴着柔和的阳光，让我们轻轻地翻开书页，一起来诵读经典美文；让我们微笑着幸福地品味，对"真""善""美"境界怀着永恒的向往和追求！

郭家华

（作者系江西省特级教师）

中华经典美文·诵读读本·

目录

沐浴阳光　一路欢歌远航

踏歌抒怀　点燃豪情万丈

春风化雨　小芽儿悄悄长

梦
mèng

滕毓旭

花儿的梦，是红的，
小树的梦，是绿的，
露珠的梦，是圆的，
娃娃的梦，是甜的。

编者寄语：

在小朋友的眼中，花儿、小树、露珠也和娃娃一样会做梦。他们的梦也是色彩斑斓、有声有色、有滋有味的。伴随着这美好的梦，小朋友们快乐地成长！

我们爱我们的民族，这是我们自信心的泉源。（周恩来）

小童话

邵燕祥

在云彩的南面，

那遥远的地方，

有一群树叶说：

我们想像花一样开放。

有一群花朵说：

我们想像鸟一样飞翔。

有一群孔雀说：

我们想像树一样成长。

编者寄语：

　　儿童是最富于想象和联想的，他们总是用自己创造性的想象来认识世界上的一切事物。读着《小童话》，我们仿佛也来到了想象中的那"遥远的地方"，静静聆听树叶、花朵、鸟儿的美好心愿。

我是中国人民的儿子，我深情地爱着我的祖国和人民。（邓小平）

妈妈的心

林焕彰

妈妈的心，

像我的影子，

总是跟着我走的。

早晨，我去上学，

在教室里念书的时候，

她就躲在我的耳朵里，

悄悄地说：要认真读书哦。

我在外面游戏的时候，

她就跑出来，

yǒu shí zài wǒ miàn qián
有时，在我面前，

yǒu shí zài wǒ bèi hòu
有时，在我背后，

yǒu shí zài wǒ zuǒ yòu
有时，在我左右，

zǒng shì qiāo qiāo de shuō
总是悄悄地说：

xiǎo xīn xiǎo xīn bú yào diē dǎo o
小心，小心，不要跌倒哦！

编者寄语：

　　创作这首温柔的儿童诗的林焕彰先生是台湾宜兰人。在这首儿童诗中，母爱是悄悄的、柔柔的，是妈妈为我们做的那一点一滴的小事。让我们轻轻地来读一读这首小诗，感受那暖暖的母爱吧！

惟有民魂是值得宝贵的，惟有他发扬起来，中国才有真进步。（鲁迅）

野牵牛

金波

野牵牛，爬高楼；

高楼高，爬树梢；

树梢长，爬东墙；

东墙滑，爬篱笆；

篱笆细，不敢爬；

躺在地上吹喇叭：

嘀嘀嗒！

嘀嘀嗒！

这首儿歌采用拟人的手法刻画了一朵调皮活泼的野牵牛形象，虽然爬不上高楼，爬不了树梢，爬不上东墙，爬不了篱笆，但是它仍然快乐地吹起小喇叭。是呀，热爱生活，不就能找到生活的乐趣吗？

全文语言生动活泼，琅琅上口，让我们用轻松的语调来诵读吧！

春风化雨

小芽儿悄悄长

雨铃铛

金波

沙沙响，沙沙响，
春雨洒在房檐上。
房檐上，挂水珠，
好像一串一串小铃铛。
丁零当啷，
丁零当啷，
它在招呼小燕子，
快快回来盖新房。

　　春天来了，是谁在招呼小燕子盖新房呢？原来是雨铃铛，丁零当啷，可好听了，小朋友，快来美美地读一读吧！

春风化雨

小芽儿悄悄长

天下兴亡，匹夫有责。（顾炎武）

春笋

春笋

一声春雷，唤醒了春笋。它们冲破泥土，掀翻石块，一个一个从地里冒出来，春笋裹着浅褐色的外衣，像嫩生生的娃娃，它们迎着春风，在阳光中笑，在春雨里长。一节，一节，又一节。向上，向上，再向上。

本文以拟人的手法将春笋比作娃娃，充满童真童趣。让我们一起用轻松活泼的语调来读这篇短文，和春笋一块儿向上，向上，再向上。

春风化雨

小芽儿悄悄长

如果我是一片雪花

金波

如果我是一片雪花，

我飘落到什么地方去呢？

飘到小河里，

变成一滴水，

和小鱼小虾游戏。

飘到广场上，

去堆胖雪人，

望着你笑眯眯。

我飘落到妈妈的脸上，

qīn qīn tā rán hòu jiù kuài lè de róng
亲亲她 ，然 后 就 快 乐 地 融
huà
化 。

编者寄语：

　　冬天，漫天飞舞的雪花让我们充满好奇，我们多么希望自己也能像雪花般自由飞舞，飘到任何想去的地方。金波爷爷的这首小诗既描绘了雪花自由飘舞的情景，又隐喻了雪花会融化、变成水滴的特征。让我们轻松、快乐地读一读吧！

春风化雨　小芽儿悄悄长

家

郑春华

家是一盆温暖的水，

让你泡进去洗澡；

家是一张柔软的床，

让你躺下来睡觉；

家是一个热水袋，

会焐热你冰凉的手脚；

家是一片薄薄的口香糖，

让你总是不停地嚼。

　　家是什么，诗中把它比作一盆温暖的水、一张柔软的床、一个热水袋、一片薄薄的口香糖，通过几个形象的比喻，说明家的温馨，读起来生动形象，具体可感。

春风化雨

小芽儿悄悄长

天下兴亡，匹夫有责。（明 顾炎武）

quàn xué
劝 学

sān gēng dēng huǒ wǔ gēng jī
三 更 灯 火 五 更 鸡 ，

zhèng shì nán er dú shū shí
正 是 男 儿 读 书 时 。

hēi fà bù zhī qín xué zǎo
黑 发 不 知 勤 学 早 ，

bái shǒu fāng huǐ dú shū chí
白 首 方 悔 读 书 迟 。

编者寄语：

　　"三更灯火五更鸡，正是男儿读书时"的意思
是：晚上在灯火下学习到三更，五更鸡叫的时候，又
早早地起来学习，这一早一晚，正好是男儿读书的好

中华经典美文诵读读本
ZHONGHUAJINGDIANMEIWEN

时候。"黑发不知勤学早，白首方悔读书迟"的意思是：如果年轻时不知道要好好地勤奋学习和读书，恐怕到年老白头的时候才知道要勤奋读书那就太迟了，后悔也来不及了。

这首诗告诉我们要争分夺秒，抓紧时间，勤奋学习，如果年轻的时候不好好学习，到了年纪大了，再想要学习也晚了。

生于忧患，死于安乐。（孟子）

sān zì jīng
三 字 经 （节 选）

rén zhī chū　　xìng běn shàn
人 之 初 ，性 本 善 ；

xìng xiāng jìn　　xí xiāng yuǎn
性 相 近 ，习 相 远 。

gǒu bú jiào　　xìng nǎi qiān
苟 不 教 ，性 乃 迁 ；

jiào zhī dào　　guì yǐ zhuān
教 之 道 ，贵 以 专 。

yǎng bú jiào　　fù zhī guò
养 不 教 ，父 之 过 ；

jiào bù yán　　shī zhī duò
教 不 严 ，师 之 惰 。

zǐ bù xué　　fēi suǒ yí
子 不 学 ，非 所 宜 ；

yòu bù xué　　lǎo hé wéi
幼 不 学 ，老 何 为 。

中华经典美文诵读读本

ZHONGHUAJINGDIANMEIWEN

编者寄语：

　　本文节选自中华文化瑰宝之一的《三字经》。其大致意思是：

　　人生下来的时候都是好的，只是由于成长过程中，后天的学习环境不一样，性情也就有了好与坏的差别。

　　如果从小不好好教育，善良的本性就会变坏。为了使人不变坏，最重要的方法就是要专心一致地去教育孩子。

　　仅仅是供养儿女吃穿，而不好好教育，是父亲的过错。只是教育，但不严格要求就是做老师的懒惰了。

　　小孩子不肯好好学习，是很不应该的。一个人倘若小时候不好好学习，到老的时候既不懂做人的道理，又无知识，能有什么用呢？

　　《三字经》以其琅琅上口的韵律和丰富的人生哲理受到了世代人民的推崇。熟读本文，于字里行间体会古人留给我们的宝贵精神财富。

位卑未敢忘忧国。（陆游《病起书怀》）

dì zi guī · rù zé xiào
弟子规·入则孝

fù mǔ hū yìng wù huǎn　　fù mǔ mìng xíng wù lǎn
父 母 呼 应 勿 缓　　父 母 命 行 勿 懒

fù mǔ jiào xū jìng tīng　　fù mǔ zé xū shùn chéng
父 母 教 须 敬 听　　父 母 责 须 顺 承

dōng zé wēn　xià zé qīng　chén zé xǐng　hūn zé dìng
冬 则 温　夏 则 清　晨 则 省　昏 则 定

chū bì gào fǎn bì miàn　jū yǒu cháng yè wú biàn
出 必 告 反 必 面　居 有 常 业 无 变

编者寄语：

孝心是最美的品质，短文就告诉我们怎样做才是一个有孝心的孩子：父母呼唤，应及时回答，不要慢吞吞地很久才应答，父母有事交代，要立刻动身去做，不可拖延或推辞偷懒。父母教导我们做人处事的道理，是为了我们好，应该恭敬地聆听。做错了事，父母责备教诫时，应当虚心接受。冬天寒冷时要为父亲温暖被窝，夏天睡前要帮父亲把床铺扇凉，早晨起床之后，应该先探望父母，并向父母请安问好。下午回家之后，要将今天在外的情形告诉父母，向父母报平安，使老人家放心。外出离家时，须告诉父母要到哪里去，回家后还要当面禀报父母回来了，让父母安心。平时起居作息，要保持正常有规律，做事有常规，不要任意改变。

一寸山河一寸金。（金左企）

增广贤文

zēng guǎng xián wén

长江后浪推前浪，
cháng jiāng hòu làng tuī qián làng

世上新人赶旧人。
shì shàng xīn rén gǎn jiù rén

古人不见今时月，
gǔ rén bù jiàn jīn shí yuè

今月曾经照古人。
jīn yuè céng jīng zhào gǔ rén

长江的后浪推进前浪一步一步地前进,一浪胜过一浪。世上的新人踏着前人的脚步一代代地更换!古人没有看到现在的月亮,而现在的月亮曾经照耀过古人。

是啊,社会在不断进步,事情在不断发展,新的代替旧的是不可抗拒的客观规律。

春风化雨

小芽儿悄悄长

警世贤文 · 勤奋篇

少壮不努力，

老大徒伤悲。

智慧源于勤奋，

伟大出自平凡。

宝剑锋从磨砺出，

梅花香自苦寒来。

书山有路勤为径，

学海无涯苦作舟。

　　《警世贤文》是民间的俗语、警句，是先辈总结出来的为人处世的教诲。第一句是说少年时不努力，到老来就只能是空空悔恨了。第二句的意思是智慧就是长时间锻炼出来的东西，只要你努力勤奋，你也可以成为一个有智慧的伟人。第三句的意思是宝剑的锋利和梅花的无比清香都是经过了很多的磨难才出来的，所以一个人要取得成就，就要能吃苦，多锻炼，靠自己的努力来赢得胜利。第四句的意思是学习贵在勤奋刻苦。没有止境地学习，是每一个向上者必须做的。

　　这几句名言告诉我们做事、学习都必须趁着大好时光而努力奋斗，这样才会有所成就。

春风化雨

小芽儿悄悄长

捐躯赴国难，视死忽如归。（三国·曹植《白马篇》）

百家姓 （节选）
bǎi jiā xìng

赵钱孙李
zhào qián sūn lǐ

周吴郑王
zhōu wú zhèng wáng

冯陈褚卫
féng chén chǔ wèi

蒋沈韩杨
jiǎng shěn hán yáng

朱秦尤许
zhū qín yóu xǔ

何吕施张
hé lǚ shī zhāng

孔曹严华
kǒng cáo yán huà

金魏陶姜
jīn wèi táo jiāng

戚谢邹喻
qī xiè zōu yù

柏水窦章
bǎi shuǐ dòu zhāng

　　《百家姓》本是北宋初年钱塘（杭州）的一个书生所编撰的蒙学读物，将常见的姓氏编成四字一句的韵文，像一首四言诗，便于诵读和记忆，因此，流传至今，影响极深。2010年由国务院人口普查办公室，根据中国最新姓氏人口数目，统计了"新百家姓"："李王张刘　陈杨赵黄　周吴徐孙　胡朱高林　何郭马罗　梁宋郑谢　韩唐冯于　董萧程柴　袁邓许傅　沈曾彭吕……"。

　　小朋友们，读读找找你的姓氏在古今百家姓中排名第几，有何变化呢？虽然姓氏不同，但是我们都同属于中国这一个大家庭，各个家庭成员和睦相处，才有了祖国今天的繁荣。

春风化雨　小芽儿悄悄长

生当作人杰，死亦为鬼雄。（宋 李清照《夏日绝句》）

qiān zì wén 千 字 文 （节选）

tiān	dì	xuán	huáng	yǔ	zhòu	hóng	huāng
天	地	玄	黄	宇	宙	洪	荒

rì	yuè	yíng	zè	chén	xiù	liè	zhāng
日	月	盈	昃	辰	宿	列	张

hán	lái	shǔ	wǎng	qiū	shōu	dōng	cáng
寒	来	暑	往	秋	收	冬	藏

rùn	yú	chéng	suì	lù	lǚ	tiào	yáng
闰	余	成	岁	律	吕	调	阳

yún	téng	zhì	yǔ	lù	jié	wéi	shuāng
云	腾	致	雨	露	结	为	霜

　　《千字文》是我国早期的蒙学课本，相传为南朝人周兴嗣所作。它是四言长文，句句押韵，文笔优美，辞藻华丽，朗朗上口，涵盖了天文、地理、自然、社会、历史等多方面的知识。《千字文》从天地开辟讲起。有了天地，就有了日月、星辰、云雨、霜雾和四时寒暑的变化；也就有了孕生于大地的金玉、铁器（剑）、珍宝、果品、菜蔬，以及江河湖海，飞鸟游鱼；天地之间也就出现了人和时代的变迁。以上是《千字文》的节选，大致意思是：

　　苍天是黑色的，大地是黄色的；茫茫宇宙辽阔无边。

　　太阳有正有斜，月亮有缺有圆；星辰布满在无边的太空中。

　　寒暑循环变换，来了又去，去了又来；秋季里忙着收割，冬天里忙着储藏。

　　积累数年的闰余并成一个月，放在闰年里；古人用六律六吕来调节阴阳。

　　云气升到天空，遇冷就形成雨；露水碰上寒夜，很快凝结为霜。

　　在诵读的同时，小朋友们一定记住了不少科学知

春风化雨 小芽儿悄悄长

识吧！如果想要了解更多知识，也可以找到全文来读一读！

利于国者爱之，害于国者恶之。（《晏子春秋》）

《论语》二则

（一）

子曰："知之者不如好之者，好之者不如乐之者。"

（二）

子曰："德之不修，学之不讲，闻义不能徙，不善不能改，是吾忧也。"

春风化雨 小芽儿悄悄长

中华经典美文诵读读本
ZHONGHUAJINGDIANMEIWEN

　　《论语》是儒家学派的经典著作之一，共四十卷，由孔子的弟子及其再传弟子编写而成。它以语录体和对话文体为主，记录了孔子及其弟子言行，集中体现了孔子的政治主张、伦理思想、道德观念及教育原则等。

　　孔子，名丘，字仲尼，春秋时鲁国人，是春秋末期的思想家、政治家，文学家和教育家，儒家思想的创始人。

　　第一则为我们揭示了一个怎样才能取得好成绩的秘密，那就是对学习的热爱。也就是说：懂得它的人，不如爱好它的人；爱好它的人，又不如以它为乐的人。正所谓"兴趣是最好的老师"，当你对一门科目产生了兴趣之后，自然会学得比别人好。

　　第二则的意思是说：品德不培养，学问不研讨，听到了应当做的事（义）却不能马上去做，有错误却不能改正，这些都是我所担忧的。表现了孔子对做人和做学问的严格要求。

横眉冷对千夫指，俯首甘为孺子牛。（《自嘲》）

《孟子》二则

（一）

老吾老，以及人之老；
幼吾幼，以及人之幼。
天下可运于掌。

（二）

乐民之乐者，民亦乐其乐。
忧民之忧者，民亦忧其忧。

　　《孟子》是战国时期孟子的言论汇编，记录了孟子与其他诸家思想的争辩，对弟子的言传身教，游说诸侯等内容，由孟子及其弟子共同编写而成。本书共七篇。孟子，是著名的思想家、政治家、教育家，孔子学说的继承者，儒家的重要代表人物。

　　第一则意思是说：在赡养孝敬自己的长辈时不应忘记其他与自己没有亲缘关系的老人。在抚养教育自己的小孩时不应忘记其他与自己没有血缘关系的小孩。尊老爱幼是中华民族的传统美德，这种美德有助于促进家庭和睦，社会和谐，也是现代中国人的基本修养。

　　第二则的意思是：以百姓的快乐为自己的快乐的人，百姓也会以他的快乐为快乐，担心百姓所担心的人，百姓也会替他着想。就是说统治者要把老百姓的利益放在第一位，这样百姓才能乐于接受你。

其实地上本没有路，走的人多了，也便成了路。（鲁迅《故乡》）

《老子》二则

（一）

知人者智，自知者明。

胜人者有力，自胜者强。

知足者富，强行者有志。

不失其所者久，

死而不亡者寿。

（二）

xìn yán bù měi　měi yán bú xìn
信 言 不 美 ， 美 言 不 信 ；

shàn zhě bú biàn　biàn zhě bú shàn
善 者 不 辩 ， 辩 者 不 善 ；

zhì zhě bù bó　bó zhě bú zhì
知 者 不 博 ， 博 者 不 知 。

编者寄语：

　　老子，是中国古代思想家，姓李名耳，字伯阳，老子又名老聃（dān），相传他一生下来就是白眉毛白胡子，所以被称为老子。

　　第一则的意思是：了解别人是智慧，了解自己是圣明。 战胜别人是有力量，战胜自己才是强大。 知足的人就是富有，坚持而行的人就是有志。占有而不丧失才是持久，死亡而不被忘记的人才是长寿。第二则的意思是：真实的话不动听，动听的话不真实。有德的人不用言语来辩解，会用言语辩解的就不是有德的人。智者知道自己的不广博，自认为广博的人不是智者。

我好像一只牛，吃的是草，挤出来的是奶、血。（许广平《欣慰的纪念》）

《说苑》一则

shuō yuàn　　yì　zé

yǔ shàn rén jū　　rú rù zhǐ lán zhī shì
与 善 人 居 ， 如 入 芷 兰 之 室 ，
jiǔ ér bù wén qí xiāng　　zé yǔ zhī huà yǐ
久 而 不 闻 其 香 ， 则 与 之 化 矣 ；
yǔ è rén jū　　rú rù bào yú zhī sì
与 恶 人 居 ， 如 入 鲍 鱼 之 肆 ，
jiǔ ér bù wén qí chòu　yì yǔ zhī huà yǐ
久 而 不 闻 其 臭 ， 亦 与 之 化 矣 。

春风化雨　小芽儿悄悄长

编者寄语：

《说苑》，又名《新苑》，作者是刘向，共二十卷，按各类记述了春秋战国至汉代的遗闻轶（yì）事，其中以记诸子行为为主，不少篇章中有关于治国

安民、家国兴亡的哲理格言。主要体现了儒家的哲学思想、政治理想以及伦理观念。

这则故事的意思是：常和品行高尚的人在一起，就如同进到了种植芷兰散满香气的屋子里，时间长了便闻不到香味，是因为自己融入其中的缘故；和品行低劣的人在一起，就如同进到了卖鲍鱼的店铺，时间长了也闻不到腥臭了，也是因为自己融入其中的缘故。

这则故事说明了你和什么样的人交往，你就会从中看到他的一些行为，这样渐渐地你就会跟他学了，这样时间长了，你的一些行为就会和他一样。

时间就是性命，无端的空耗别人的时间，其实是无异于谋财害命的。（《门外文谈》

沐浴阳光　一路欢歌远航

树

张秋生

森林里被锯掉一棵树，

熊就在它的画册上，

画下一棵树。

森林被锯掉两棵树，

熊就在它的画册里，

画下两棵树……

熊时常翻开画册，

对它已经不再存在的朋友说：

要是你们还在，

这世界该有多好！

　　张秋生，天津静海人，上海出生，中国著名儿童文学家。作品先后获陈伯吹儿童文学奖、中国作家协会全国优秀儿童文学奖、宋庆龄儿童文学奖等。

　　树结出鲜红香甜的果子为我们奉上美味无比的果实；树吸收二氧化碳呼出氧气，为我们人类净化空气；树扎根土壤防沙固土，为我们抵御自然灾害立下了汗马功劳；木材的用处也很多很多，它们被广泛应用在祖国的建设中，我们的生活中……我们要爱护树！

沐浴阳光

一路欢歌远航

人非生而知之者，孰能无惑？（《师说》）

一个人

钱万成

一个人，
就像一棵小树，
只要离开林子，
就会变得孤独。

一个人，
就像一只小鸟，
只有凑到一起，
才会热热闹闹。

一个人，

就像一条小河，

只有汇聚在大海里，

才会拥有快乐。

一个人，

就像一棵小草，

只有大家站在一起，

才不会被狂风吹倒。

编者寄语：

钱万成，诗人，儿童文学作家，教授。生于黑龙江省龙江县，在吉林省梨树县长大。先后就读于梨树师范中文科、四平师院中文系、东北师范大学文学院。中国作协会员，吉林省作协理事，吉林省书法家协会理事，吉林省散文学会副会长，长春作协副主席。现半文半政，在长春市委机关工作。代表作品有《老狼哈克》《小兔灰灰》等。

这首小诗告诉我们："人心齐，泰山移"，"一根筷子易折断，十根筷子抱成团"。团结就是力量，团结能创造奇迹！

一鼓作气，再而衰，三而竭。（《左传》）

寻　梦　者

戴望舒

梦会开出花来的，

梦会开出娇妍的花来的：

去求无价的珍宝吧。

在青色的大海里，

在青色的大海的底里，

深藏着金色的贝一枚。

你去攀九年的冰山吧，

你去航九年的旱海吧，

然后你逢到那金色的贝。

它有天上的云雨声，

它有海上的风涛声，

它会使你的心沉醉。

把它在海水里养九年，

把它在天水里养九年，

然后，它在一个暗夜里绽开了。

当你鬓发斑斑了的时候，

当你眼睛朦胧了的时候，

金色的贝吐出桃色的珠。

把桃色的珠放在你怀里，

把桃色的珠放在你枕边，

于是一个梦静静地升上来了。

你的梦开出花来了，

你的梦开出娇妍的花来了，

在你已衰老了的时候。

编者寄语：

《寻梦者》这首诗歌将我们每一个人心中的梦想抒写到了极致。

开篇写梦的美丽、珍贵，用了"开出花来，开出娇妍的花来"这样的句子；结尾又用了这样的句子，写梦想春天的绚丽多姿。

色彩的运用使诗美不胜收。"青色的大海"使人想起波涛翻滚，波浪声声；"桃色的珠"让人产生无限的遐想；"金色的贝"，绚丽夺目，令人珍爱；"鬓发斑斑"使人叹息。"金色的贝"从"青色的大海"里涌起，非常富有神话色彩；"桃色的珠"映着"鬓发斑斑"，使人叹息，同时有一种无限的幸福感升起。细细推敲一个一个的美词，深厚的意味就浓浓地涌上来了。——梦想是什么？梦想是人心底最深处的一种渴望，它与生俱来，永不熄灭。而能写出《寻梦者》这样诗歌的诗人，是能深深体会到梦的魅力的。对于他来说，捕捉、感受到人类心灵最深处的闪光点，又何尝不是一种幸福？

甘瓜苦蒂，天下物无全美。（《墨子》）

梦 想

顾 城

种子在冻土里
梦想着春天

它梦见——
自己舒展着颤动的腰身
长睫旁闪耀着露滴的银钻

它梦见——
蝴蝶轻轻地吻它
春蚕张开了新房的金幔

47

它梦见——

无数花朵睁开了稚气的眼睛

就像月亮身边的万千星点……

种子呵

在冻土里梦想春天……

编者寄语：

《梦想》是顾城有代表性的早期作品之一，这首诗写的是一粒藏在黑暗的冻土中的种子的梦想。

从形式上看，《梦想》由五个小节组成。就像一首跳动的圆舞曲，诗的开头和收束全篇的"种子呵/在冻土里梦起春天"构成了诗歌的主旋律，使整首诗歌有了一种浑然天成的美。中间依次连用三个"它梦见——"构成排比，旋律轻缓而又层层萦绕，相似又不尽相同，句式整齐统一，一气呵成又充分表明心中的渴望，对梦想实现的渴望，一种孩子气的渴望。从色彩上来说，露滴的银钻、新房的金慢、鲜花的缤纷与种子所处冻土的黑暗形成鲜明的对比。三个小节就像是三幅画，刚刚出土的嫩芽、含苞欲放的花蕾、竞相怒放的鲜花，展示了春天的色彩斑斓，而梦想正是描绘这美丽画卷的那支画笔。

种树者必培其根，种德者必养其心。（《传习录》）

花 的 梦

我从植物园归来，带回一个彩色缤纷的梦，

我梦见，在我们的土地上，到处鲜花盛开、万紫千红。

我家的台阶前，一直伸展到远远的天边，

有一群簇拥着的姐妹，那是一片紫色的玫瑰。

路的两旁白得像落满了雪，那里是玉兰花的世界；

山上闪着明亮的火星，那是蒲公英开遍了山野。

吊钟花在微风里轻轻地摇，鸡冠花把头昂得很高，

泉边有天鹅绒般的青苔，茑萝花攀上了树梢。

还有世界上最大的花朵，大王莲能做小妹妹的摇篮；

小小的花朵是珍珠梅，它穿着月光一样的衣衫。

在镜子般的池塘里，有绿的浮萍，粉的荷花；

就是那放牧的小弟弟，也喜欢戴着花环玩耍。

好像一年四季的花朵，忽然在这一夜开放，

沐浴阳光 —— 一路欢歌远航

49

又像天上的彩虹，纷扬着落在我们的土地上……

当我从这梦中醒来，我又编织着另一个梦境：

我要像领着小弟弟、小妹妹那样，领着这些花朵开始春天的旅行。

去给山岗披一件花的衣衫，去给小河镶两行彩色的花边，再给养蜂场周围的田野，铺上无边的鲜花的地毡。

在这里闻着花香，听着鸟语，把生活打扮得更加美丽；

养蜂老爷爷会夸奖我们——送来的是花，也是蜜！

编者寄语：

这是中国著名儿童文学作家、诗人、教育家——金波所写的小诗，《花的梦》给人以乐观向上的感受。它以一种欢快、美好的形式开头，然后用一个"梦"把我们引进了本文的主题：到处都是鸟语花香，遍地鲜花。表达了诗人呼吁和平、热爱生活的思想。然后以一个快乐的结尾"养蜂老爷爷会夸奖我们——送来的是花，也是蜜！"完成了此文。整篇诗充满了音乐感和色彩感，充满了春天的气息。让我们仿佛身临其境，就站在那开阔的田野上，呼吸着芳香的空气。

操千曲而后晓声，观千剑而后识器。（《文心雕龙》）

我 爱 这 土 地

艾 青

假如我是一只鸟，

我也应该用嘶哑的喉咙歌唱：

这被暴风雨所打击着的土地，

这永远汹涌着我们的悲愤的河流，

这无止息地吹刮着的激怒的风，

和那来自林间的无比温柔的黎明……

——然后我死了，

连羽毛也腐烂在土地里面。

为什么我的眼里常含泪水？

因为我对这土地爱得深沉……

　　《我爱这土地》表达了一种深沉的爱国主义情感。诗人把自己比成一只鸟，表示要不倦地为祖国的土地、河流、激怒的风和黎明而深情歌唱，即便是死了，也要整个融进祖国的土地中，"连羽毛也腐烂在土地里面"，一往情深地抒发了对祖国、对民族、对土地的真挚深沉的热爱，像誓词一样严肃，像热血一样庄严。发表后，立即对诗坛对读者产生了强烈的震撼。

正直是道德之本。（埃及 迈哈福兹《平民史诗》）

小 溪 流 的 歌 （节 选）

一条快活的小溪流哼哼唱唱，不分日夜地向前奔流。山谷里总是不断响着他歌唱的回声。太阳出来了，太阳向着他微笑。月亮出来了，月亮也向着他微笑。在他清亮的眼睛里，世界上所有的东西都像他自己一样新鲜，快乐。他不断向他所遇到的东西打招呼，对他们说："你好，你好！"

小溪流一边奔流，一边玩耍（shuǎ）。他一会儿拍拍岸边五颜六色的卵石，一会儿摸摸沙地上才伸出脑袋来的小草。他一会儿让那些漂浮着的小树叶打个转儿，一会儿挠（náo）挠那些追赶他的小蝌蚪的痒（yǎng）痒。小树叶不害怕，轻轻转了两个圈儿，就又往前漂。小蝌蚪可有些怕痒，就赶快向岸边游；长了小腿的蝌蚪还学青蛙妈妈慌张地蹬（dēng）开了腿。

小溪流笑着往前跑。有巨大的石块拦住他的去路，他就轻轻跳跃（yuè）两下，一股劲儿冲了下去，什么也阻止不了他的奔流。他用清亮的嗓子歌唱，山谷里不断响着的回声也是清脆（cuì）的，叫人听了就会忘记疲（pí）劳和忧愁。

编者寄语：

　　这篇童话更像是一首散文诗。作者用诗化的语言为我们描述了一条小溪流抵制诱惑，奔流不息，最终汇入大海的经过，并巧妙地将生活的哲理蕴含其中。其实，年少的你也是一条快活的小溪流，终日唱着清脆的歌，你一定能听见大海对你的呼唤，那么，勇敢地向你的"大海"奔去吧。

眼泪无法洗去痛哭。（冰岛·克司内斯《冰岛之钟》）

金黄的大斗笠

高风

干干净净的蓝天上，偷偷溜来一团乌云，风推着它爬上山头。山这边，梯田里的庄稼像绿海里卷来的一道道浪头。一个浑身只有一条短裤的男孩子，挥着一根树枝，树枝挂满绿叶，歌谣般亲切、柔和。他看管着一头雪白的小山羊，小山羊在田埂上悠闲地啃着青草。

风来啦！

庄稼的叶子翻过背，闪现出一片片灰绿。小山羊的毛被梳理好，又弄乱。小男孩脸上的汗珠被吹干，换上调皮的笑意。

雨来啦！

乌云被太阳照得受不了，越缩越紧，于是挤下了雨。那又粗又亮的线线，似乎能数得清。

风来啦！

它抱住每一棵它遇到的树，用力摇，摇得叶子哗哗响。

雨来啦！

它向小男孩跑来。小男孩一定很急，连鞋都不穿，光着脚丫跑得噼里啪啦的。

风来啦！雨来啦！

姐姐带着斗笠来啦！

雨，只赶上洗洗斗笠。

风，总想掀开斗笠，看看下面遮着什么。

金黄的大斗笠下：这边，露出一条翘起的小辫；那边，露出一条揽着小山羊的滚圆的胳膊。在用斗笠临时搭成的小房子里，姐弟俩坐着，任凭雨水洗刷四只并排的光脚，脚指头还在得意地动呢。

金黄的大斗笠下还遮着笑，遮着小山羊偶尔发出的咩咩声，遮着姐姐和弟弟的笑语：

——姐姐，你怎么知道雨来啦？

那团乌云走过咱家窗前，我看到它的影子了。

——姐姐，你怎么知道风来啦？

咱家屋后的竹林告诉我的。

——姐姐，你要不送斗笠来，哪怕晚送一会儿，我正好淋个澡。可惜……

啪（是一只手打在另一只手上）

——嘻嘻。

——咯咯。

笑声冲出银线织的雨帘，笑声掀动金黄的大斗笠。

远看，斗笠像个大蘑菇，是那么美。阳光照着它，雨水润着它，它是那么有生气。

编者寄语：

　　《金黄的大斗笠》是一篇充满诗情画意的写景散文，描述姐姐给弟弟送斗笠，姐弟二人在金黄的大斗笠下面躲雨、谈笑的情形，表现出生活的快乐和姐弟的亲情。文章采用了以小见大的写法，在简洁的叙述中选取小故事来表现主题，择取了风雨中的几个镜头烘托出了温馨、欢快的气氛。

　　第一部分要读得平稳、亲切、柔和。因为这是风雨来临之前的小男孩牧羊图。蓝天是那么干净，乌云是"偷偷溜来"，梯田是那么美丽，小山羊是那么悠闲地啃青草，文章描绘出清新、和谐的气氛。

　　第二部分是三幅风雨图，"风小雨稀"、"风疾雨急"、"风雨交加"要读得一幅比一幅速度加快，音量加大，语气加强，渲染出急促、紧张的氛围。

　　第三部分要读得温馨、愉悦。突出姐姐聪慧，识风雨；弟弟天真，可爱。要读出姐弟之间的情意。

最伟大的见解是最朴实的。（英国 戈尔丁《蝇王》）

天 上 的 街 市

郭沫若

远远的街灯明了，

好像是闪着无数的明星。

天上的明星现了，

好像是点着无数的街灯。

我想那缥缈（piāo miǎo）的空中，

定然有美丽的街市。

街市上陈列的一些物品，

定然是世上没有的珍奇。

你看，那浅浅的天河，

定然是不甚（shèn）宽广。

那隔着河的牛郎织女，

定能够骑着牛儿来往。

我想他们此刻，
定然在天街闲游。
不信，请看那朵流星，
是他们提着灯笼在走。

中华经典美文 诵读读本 ZHONGHUAJINGDIANMEIWEN

编者寄语：

郭沫若，男，汉族，中国现代著名学者、文学家、社会活动家。诗人郭沫若做这首诗的时候正在日本留学，和那个时候的很多中国留学生一样，他心中有着对祖国的怀念，有着对理想对未来的迷茫，诗人经常在海边彷徨。在一个夜晚，诗人走在海边，仰望美丽的天空，闪闪的星光，心情变得开朗起来，诗人似乎找到了自己的理想。于是，他在诗中将这种理想写了出来，那似乎是天国乐园的想象。

郭沫若先生的这首《天上的街市》，风格非常恬淡，用自然清新的语言、整齐的短句、和谐优美的旋律，表达了诗人纯真的思想。那意境都是平常的，那节奏也是缓慢的，如细流、如涟漪，但是就是这平淡的意境，带给了我们丰富的想象，让我们的心灵随着诗歌在遥远的天空中漫游，尽情驰骋（chí chěn）美好的梦想。朋友，你感受到了现实生活中的人们对过上幸福自由生活的渴望和追求了吗？

人是为了自己的希望才活着的。（苏联 肖洛霍夫《静静的顿河》）

乡 愁

余光中

小时候，
乡愁是一枚小小的邮票。
我在这头，
母亲在那头。

长大后，
乡愁是一张窄窄的船票。
我在这头，
新娘在那头。

后来呵，
乡愁是一方矮矮的坟墓。
我在外头，

母亲在里头。

而现在，
乡愁是一湾浅浅的海峡。
我在这头，
大陆在那头。

编者寄语：

《乡愁》是一篇怀念祖国、渴望回归大陆的爱国诗章，它以民谣的歌调深沉而忧郁地倾诉了诗人对祖国统一的强烈愿望。整首诗含蓄蕴藉，余韵绵绵，满纸是思念大陆的亲情，落叶归根的宿愿。诵读时宜用舒缓、饱含深情的语调。

守信是一项财宝，不应该随意虚掷。（哥伦比亚 马尔克斯《百年孤独》）

黄 河 颂

光未然

我站在高山之巅（diān），望黄河滚滚，奔向东南。

惊涛澎湃，掀起万丈狂澜；

浊流宛转，结成九曲连环；

从昆仑山下奔向黄海之边，

把中原大地劈成南北两面。

啊！黄河！

你是我们民族的摇篮！

五千年的古国文化，从你这儿发源；

多少英雄的故事，在你的身边扮演！

啊！黄河！

你是伟大坚强，像一个巨人出现在亚洲平原之上，

用你那英雄的体魄筑成我们民族的屏障。

啊！黄河！

你一泻万丈，浩浩荡荡，向南北两岸伸出千万
条铁的臂膀。

我们民族的伟大精神，

将要在你的哺育下发扬滋长！

我们祖国的英雄儿女，

将要学习你的榜样，

像你一样的伟大坚强！

像你一样的伟大坚强！

编者寄语：

光未然，现代诗人，文学评论家。原名张光年。
湖北省光化县人。

古往今来，黄河以其雄壮的气势，奔腾在中国大地
上，滋养着一代又一代中华儿女。歌颂黄河就是歌颂
我们伟大的中华民族。

这组诗，雄健磅礴，深沉浑厚，是中华民族抵御
外侮的英雄诗篇，也是抗日战争时代现实的悲壮图
画。反映了人民空前的觉醒，表现出强烈的民族气节

沐浴阳光 一路欢歌远航

和不屈服的斗争精神。

　　在艺术上，全诗构思完整，布局讲究，以黄河这一中华民族的象征为贯穿形象，熔铸了澎湃的激情，使全诗呈现出强大的力度。同时，由于诗人从中国传统诗词表现手法上吸收借鉴，组诗节奏明快，语言凝炼。

使卵石臻于完美的，并非锤的打击，而是水的且歌且舞。（印度 泰戈尔《飞鸟集》

纸 船 —— 寄 母 亲

冰 心

我从不肯妄（wàng）弃一张纸，

总是留着——留着

叠成一只只很小的船儿，

从舟上抛下在海里。

有的被天风吹卷到舟中的窗里，

有的被海浪打湿，沾（zhān）在船头上。

我仍是不灰心的每天叠着，

总希望有一只能流到我要它到的地方去。

母亲，倘（tǎng）若你梦中看见一只很小的白船儿，

不要惊讶它无端入梦。

这是你至爱的女儿含着泪叠的，

万水千山，求它载着她的爱

和悲哀归去。

编者寄语：

　　这首诗歌据说是冰心奶奶在1923年游览日本横滨之后，在继续向大洋彼岸进发的轮船上创作的。面对波澜壮阔的大海，诗人情不自禁地想起逝去的母亲，叠了一只只纸船，让它载着自己对母亲深深的思念，流向那片属于母亲的天地。

　　这是多么沉重的纸船啊！这是多么浓厚的情啊！但我们细想一下，粼粼的海波，澎湃的海潮，复苏了诗人爱海的童心，碧绿的海水，飞翔的海鸥，使诗人拥有大自然的亲切，但这一切都无法留住那份平凡而伟大的母爱，留下的，是思念的加剧；留下的，是为无法给予母亲那份属于她的爱的遗憾！

莫以善小而不为，莫以恶小而为之。（刘备）

散　步

莫怀戚

　　我们在田野散步：我，我的母亲，我的妻子和儿子。

　　母亲本不愿出来的。她老了，身体不好，走远一点就觉得很累。我说，正因为如此，才应该多走走。母亲信服地点点头，便去拿外套。她现在很听我的话，就像我小时候很听她的话一样。

　　天气很好。今年的春天来得太迟，太迟了，有一些老人挺不住。但是春天总算来了。我的母亲又熬（áo）过了一个严冬。

　　这南方初春的田野，大块小块的新绿随意地铺着，有的浓，有的淡；树上的嫩芽也密了；田里的冬水也咕（gū）咕地起着水泡。这一切都使人想着一样东西——生命。

　　我和母亲走在前面，我的妻子和儿子走在后面。小家伙突然叫起来："前面也是妈妈和儿子，后面也是妈妈和儿子。"我们都笑了。

后来发生了分歧（qí）：母亲要走大路，大路平顺；我的儿子要走小路，小路有意思。不过，一切都取决于我。我的母亲老了，她早已习惯听从她强壮的儿子；我的儿子还小，他还习惯听从他高大的父亲；妻子呢，在外面，她总是听我的。一霎（shà）时我感到了责任的重大。我想一个两全的办法，找不出；我想拆散一家人，分成两路，各得其所，终不愿意。我决定委屈儿子，因为我伴同他的时日还长。我说："走大路。"

但是母亲摸摸孙儿的小脑瓜，变了主意："还是走小路吧。"她的眼随小路望去：那里有金色的菜花，两行整齐的桑树，尽头一口水波粼（lín）粼的鱼塘。"我走不过去的地方，你就背着我。"母亲对我说。

这样，我们在阳光下，向着那菜花、桑树和鱼塘走去。到了一处，我蹲下来，背起了母亲，妻子也蹲下来，背起了儿子。我的母亲虽然高大，然而很瘦，自然不算重；儿子虽然很胖，毕竟幼小，自然也轻：但我和妻子都是慢慢地，稳稳地，走得很仔细，好像我背上的同她背上的加起来，就是整个世界。

　　沐浴着和煦的春风，欣赏着自然的美景，享受着浓浓的亲情。一个三代同堂的四口之家漫步在南方初春的田野上，该是一幅多么令人陶醉的人与自然和谐的画面啊！莫怀戚的《散步》就向我们展现了这样一部精美的画卷。

　　《散步》是一篇清新优美的散文。在朴素的文字里，充满着欢乐、关爱、和谐，贮藏着憧憬、呼唤、眷念，饱含着贤良、孝敬、责任；字里行间，流淌着真情，闪烁着理性，抒发着感悟。初读，看到了自然的景和人间的情；再读，体会的是生命的美；读至最后，不禁陡然感觉增加了生命的分量。它像一曲感人肺腑的歌，尽情颂扬了生命的美。

沐浴阳光　一路欢歌远航

静以修身，俭以养德。（诸葛亮）

雨　后

冰　心

嫩绿的树梢闪着金光，
广场上成了一片海洋！
水里一群赤脚的孩子，
快乐得好像神仙一样。

大哥哥使劲地踩着水，
把水花儿溅起多高，
他喊："妹，小心，滑！"
说着自己就滑了一跤！

他拍拍水淋淋的泥裤子，
嘴里说："糟糕——糟糕！"

他通红欢喜的脸上，

却发射出兴奋和骄傲。

小妹妹撅（juē）着两条短粗的小辫，

紧紧地跟在这泥裤子后面，

她咬着唇儿

提着裙儿

轻轻地小心地跑，

心里却希望自己

也摔这么痛快的一跤！

编者寄语：

　　《雨后》是一首描写孩子们雨后水中嬉戏情景的优美诗歌，读来顿觉童趣满纸，"乐"在其中，对孩子们的玩水取乐禁不住心神向往，美赏之情油然而生。诗歌怎样表现孩子们雨后玩水、乐在其中的呢？

　　（一）　展现玩水场面，渲染群体之乐

　　（二）　突出踩水摔跤，传达懊恼有乐

　　（三）　描写小妹情态，暗示渴求一乐

君子忧道不忧贫。（孔丘）

第 一 次 真 好

路过人家的墙下，偶一抬头，看见一棵结实累累的柚子树。一颗颗硕（shuò）大的黄绿色柚子，沉甸甸垂吊在枝头。这景色不见得很美，却是一幅秋日风情画。

我是个生长在都市，从来不曾享受过田园生活的俗子。除了木瓜树以外，所有结实累累的果树，都只能够在图画、照片、电视和电影中看到。今天第一次看到这棵果实如此丰硕的柚子树，霎时间，心头充满了喜悦与新奇。

第一次真好，第一次的感觉真奇妙。细细回想：在你的生命中，有多少"第一次"值得你低回品味？有多少"第一次"给你留下不可磨灭的印象？

几年前，家中第一次养了一笼十姊（zǐ）妹。当母鸟第一次生下了几颗玲珑剔透，比小指头还小的鸟蛋以后，我和孩子们便眼巴巴地等候小鸟孵出来。有一天，我们正在吃午饭，孩子忽然大叫："小鸟孵出来了。"我惊喜地走到鸟笼边一看，在鸟巢里面的所谓小鸟，只是两团小小的粉红色肉球，仅仅具有鸟的雏（chú）形，身上只有稀疏的几根毛，两只黑黑的眼睛却奇大。第一次看到刚孵出来的雏鸟，但觉它们的样子很难看，竟因此而吃不下饭。可是，等到它们渐渐长大，羽毛渐丰，一切都具体而微了，只是比较微小而已。以后，我喜爱它们又甚于那些老鸟。

第一次的感觉真奇妙。第一次去露营，第一次动手做饭，第一次坐火车，第一次坐飞机，第一次看见雪，第一次看到自己的作品用铅字印出来……第一次的经验不一定都愉快，但新鲜而刺激，使人回味无穷。

生命中的第一次愈多，生命也就愈益多姿多彩。愿你珍重第一次。

第一次是特别的。第一次代表着尝试，那种新鲜的、刺激的感觉让我们永生难忘；第一次代表着突破，当我们越过心理障碍，体验到努力后的成果时，我们便进步了，成长了。生命中有很多第一次，它使我们的生活更多姿多彩。

本文作者举了两个事例，说"第一次"的感觉真奇妙，新鲜而刺激。其主旨是说，人生要不断接触新的有益的生活项目，不断尝试新的生活，使生活更加多姿多彩。文章具体写了"我"的两个"第一次人生经历"。第一部分写"我"第一次看见果实累累的柚子树；第二部分写"我"第一次看见母鸟孵出小鸟。两部分内容都有表达思想看法的议论紧随其后，起承上启下的作用。最后一段总结全文，提出"珍重第一次"的希望。

贫而无谄，富而无骄。（子贡）

紫藤萝瀑布

宗　璞

我不由得停住了脚步。

从未见过开得这样盛的藤萝，只见深深浅浅的紫，像一条瀑布，从空中垂下，仿佛在流动，在欢笑，在不停地生长。紫色的大瀑布上，泛着点点银光，就像迸溅的水花。仔细看时，才知那是每一朵紫花中最浅淡的部分，在和阳光互相挑逗。

这里春红已谢，没有赏花的人群，也没有蜂围蝶阵，只有这一树闪光的、盛开的藤萝。花朵儿一串挨着一串，一朵接着一朵，彼此推着挤着，好不活泼热闹！

"我在开花！"它们在笑。

"我在开花！"它们嚷嚷。

每一穗花都是上面的盛开，下面的待放。颜色便上浅下深，好像那紫色沉淀下来了，沉淀在最嫩最小的花苞里。每一朵盛开的花像是一个张满了的小小的帆，帆下带着尖底的舱。船舱鼓鼓的，又像一个忍俊不禁的笑容就要绽开似的。

这里除了光彩，还有淡淡的芳香，香气似乎也是浅紫色的，梦幻一般轻轻地笼罩着我。忽然记起十多年前家门外也曾有过一大株紫藤萝，它依傍一株枯槐爬得很高，但花朵从来都是稀落的，东一穗西一串伶仃地挂在树梢，好像在察颜观色，试探什么。后来索性连那稀零的花串也没有了，仿佛枯萎了。

过了这么多年，藤萝又开花了，而且开得这样盛，这样密，紫色的瀑布遮住了粗壮的盘虬卧龙般的枝干，不断地流着，流着，流向人的心底。

花和人都会遇到各种各样的不幸，但是生命的长河是无止境的。我抚摸了一下那小小的紫色的花舱，那里满装生命的美酒酿，它张满了帆，在这闪光的花的河流上航行。它是万花中的一朵，也正是由每一个一朵，组成了万花灿烂的流动的瀑布。

在这浅紫色的光辉和浅紫色的芳香中，我不觉加快了脚步。

沐浴阳光

一路欢歌远航

强本而节用，则天不能贫。（荀况）

安塞腰鼓（节选）

刘成章

好一个黄土高原！好一个安塞腰鼓！

每一个舞姿都充满了力量。每一个舞姿都呼呼作响。每一个舞姿都是光与影的匆匆变幻。每一个舞姿使人颤栗在浓烈的艺术享受中，使人叹为观止。

好一个痛快了河山、蓬勃了想象力的安塞腰鼓！

愈捶愈烈！形成了沉重而又纷飞的思绪！

愈捶愈烈！思绪中不存任何秘密！

愈捶愈烈！痛苦和欢乐，生活和梦幻，摆脱和追求，都在这舞姿和鼓点中，交织！旋转！凝聚！奔突！辐射！翻飞！升华！人，成了茫茫一片；声，成了茫茫一片……

这是一首生命的赞歌，力量的赞歌。

文章自始至终采用行进的、动态的描写，不作静止的形容，并使那人体的动作与腰鼓的声响，在共时态中互激互溶，合二而一，从艺术上组成一个表现着生命之源和力量之泉的整体。作者是陕西人，从其描写中，可以看到他对黄土高原和安塞腰鼓的无限神往与倾心爱恋。惟其如此，他也才能写得酣畅淋漓，曲尽其妙。

沐浴阳光

一路欢歌远航

侈而惰者贫，而力而俭者富。（韩非）

白色山茶花

席慕容

山茶又开了，那样洁白而又美丽的花朵，开了满树。

每次，我都不能无视地走过一颗开花的树。

那样洁白温润的花朵，从青绿的小芽儿开始，到越来越饱满，到慢慢地绽放，从半圆，到将圆，到满圆。花开的时候，你如果肯仔细地去端详，你就能明白它所说的每一句话。

就因为每一朵花只能开一次，所以，它就极为小心地绝不错一步，满树的花，就没有一朵开错了的。它们是那样慎重和认真地迎接着唯一的一次春天。

所以，我每次走过一颗开花的树，都不得不惊讶与屏息于生命的美丽。

　　这篇散文仅有二百余字。文章的好坏并不在于长短，它传达的意境，却深邃辽远，令人回味无穷。

　　"花无重开日"，每朵花只能开一次，知道开错了就不可能再重新开始，所以山茶花那么小心地，认真地开放着，努力地去达到一种完美。花如此，那我们人呢？我们的生命难道不是只有一次吗？我们又该以怎样的态度去对待人生的每一步，去完美地构建一段生命的历程？

　　和席慕容一起彳亍（chì chù）在这一棵棵开满花的树下，慢慢咀嚼，慢慢回味——花的美丽，生命的美丽，还有那美丽背后蕴含的人生哲理。

沐浴阳光

一路欢歌远航

面 朝 大 海 ， 春 暖 花 开

海 子

从明天起，做一个幸福的人

喂马，劈柴，周游世界

从明天起，关心粮食和蔬菜

我有一所房子，面朝大海，春暖花开

从明天起，和每一个亲人通信

告诉他们我的幸福

那幸福的闪电告诉我的

我将告诉每一个人

给每一条河每一座山取一个温暖的名字

陌生人，我也为你祝福

愿你有一个灿烂的前程

愿你有情人终成眷属

愿你在尘世获得幸福

我只愿面朝大海，春暖花开

编者寄语：

　　这首诗歌以朴素明朗而又隽永清新的语言，拟想了尘世新鲜可爱，充满生机活力的幸福生活，表达了诗人真诚善良的祈愿，愿每一个陌生人在尘世中获得幸福。可是，海子自己却没有幸福地找到他在生活中的一席之地，他在贫穷与孤独中写作。由此，我们可以从诗人拟想的幸福憧憬中，体味到海子面临生命中两难的心境。

鞠躬尽瘁，死而后已。（诸葛亮）

春

朱自清

盼望着，盼望着，东风来了，春天的脚步近了。

一切都像刚睡醒的样子，欣欣然张开了眼。山朗润起来了，水涨起来了，太阳的脸红起来了。

小草偷偷地从土里钻出来，嫩嫩的，绿绿的。园子里，田野里，瞧去，一大片一大片满是的。坐着，躺着，打两个滚，踢几脚球，赛几趟跑，捉几回迷藏。风轻悄悄的，草绵软软的。

桃树、杏树、梨树，你不让我，我不让你，都开满了花赶趟儿。红的像火，粉的像霞，白的像雪。花里带着甜味，闭了眼，树上仿佛已经满是桃儿、杏儿、梨儿。花下成千成百的蜜蜂嗡嗡地闹着，大小的蝴蝶飞来飞去。野花遍地是：杂样儿，有名字的，没名字的，散在花丛里，像眼睛，像星星，还眨呀眨的。

"吹面不寒杨柳风"，不错的，像母亲的手抚摸着你。风里带来些新翻的泥土的气息，混着青草味，还有各种花的香，都在微微润湿的空气里酝酿。鸟儿将窠巢安在繁花嫩叶当中，高兴起来了，呼朋引伴地卖弄清脆的喉咙，唱出宛转的曲子，与轻风流水应和着。牛背上牧童的短笛，这时候也成天在嘹亮地响。

雨是最寻常的，一下就是三两天。可别恼。看，像牛毛，像花针，像细丝，密密地斜织着，人家屋顶上全笼着一层薄烟。树叶子却绿得发亮，小草也青得逼你的眼。傍晚时候，上灯了，一点点黄晕的光，烘托出一片这安静而和平的夜。在乡下，小路上，石桥边，撑起伞慢慢走着的人；还有地里工作的农夫，披着蓑，戴着笠的。他们的草屋，稀稀疏疏的在雨里静默着。

天上风筝渐渐多了，地上孩子也多了。城里乡下，家家户户，老老小小，他们也赶趟儿似的，一个个都出来了。舒活舒活筋骨，抖擞抖擞精神，各做各的一份事去，"一年之计在于春"；刚起头儿，有的是工夫，有的是希望。

春天像刚落地的娃娃，从头到脚都是新的，它生长着。

春天像小姑娘，花枝招展的，笑着，走着。

春天像健壮的青年，有铁一般的胳膊和腰脚，他领着我们上前去。

我好像是一只牛，吃的草，挤出来的是牛奶、血。（鲁迅）

笑

雨声渐渐地住了，窗帘后隐隐地透进清光来，推开窗户一看，呀！凉云散了，树叶上的残滴，映着月儿，好似萤光千点，闪闪烁烁地动着。——真没想到苦雨孤灯之后，会有这么一幅清美的图画！

凭窗站了一会儿，微微地觉得凉意侵入。转过身来，忽然眼花缭乱，屋子里的别的东西，都隐在光云里；一片幽辉，只浸着墙上画中的安琪儿。——这白衣的安琪儿，抱着花儿，扬着翅儿，向着我微微地笑。"这笑容仿佛在哪儿看见过似的，什么时候，我曾……"我不知不觉地便坐在窗口下想，——默默地想。严闭的心幕，慢慢地拉开了，涌出五年前的一个印象。

一条很长的古道。驴脚下的泥，兀（wù）自滑滑的。田沟里的水，潺（chán）潺地流着。近村的绿树，都笼在湿烟里。弓儿似的新月，挂在树梢。一边走着，似乎道旁有一个孩子，抱着一堆灿白的东西。驴儿过去了，无意中回头一看。——他抱着花儿，赤着脚儿，向着我微微地笑。"这笑容又仿佛是哪儿看见过似的！"我仍是想——默默地想。

又现出一重心幕来，也慢慢地拉开了，涌出十年前的一个印象。——茅檐下的雨水，一滴一滴地落到衣上来。土阶边的水泡儿，泛来泛去地乱转。门前的麦陇（lǒng）和葡萄架子，都濯（zhuó）得新黄嫩绿的非常鲜丽。——一会儿好容易雨晴了，连忙走下坡儿去。迎头看见月儿从海面上来了，猛然记得有件东西忘下了，站住了，回过头来。这茅屋里的老妇人——她倚（yǐ）着门儿，抱着花儿，向着我微微地笑。这同样微妙的神情，好似游丝一般，飘飘漾（yàng）漾地合了拢来，绾在一起。这时心下光明澄静，如登仙境，如归故里。眼前浮现的三个笑容，一时融化在爱的调和里看不分明了。

编者寄语：

　　冰心崇尚"爱的哲学"。"母爱、童真、自然"是其作品的主旋律。

　　《笑》是冰心女士最早的散文成名作。文章由一个雨后月夜的美景引出对三幅微笑图景的追忆，描述，表达作者对人生理想境界———"爱"的追求，抒发作者泛爱的思想感情。文章将如诗如画的客观图景与似水般的柔情自然和谐地融合在一起，从而创造了一个深邃优美的散文意境，给人以美的享受。文章语言清新流利，凝练典雅，富于形象性和情意性。

太阳之所以伟大，在于它永远消耗自己。（谚语）

念奴娇·赤壁怀古

大江东去，浪淘尽，千古风流人物。故垒西边，人道是三国周郎赤壁。乱石穿空，惊涛拍案，卷起千堆雪。江山如画，一时多少豪杰！

遥想公瑾当年，小乔初嫁了，雄姿英发。羽扇纶（guān）巾，谈笑间，樯（qiáng）橹（lǔ）灰飞烟灭。故国神游，多情应笑我，早生华（huá）发。人生如梦，一樽（zūn）还（huán）酹（lèi）江月。

编者寄语：

这是苏词中具有豪放词派的代表作。这首词气势磅礴，格调雄浑，其境界之宏大，是前所未有的。特别是它第一次以空前的气魄和艺术力量塑造了一个英气勃发的人物形象，透露了作者有志报国、壮怀难酬的感慨。

整首词的意思是：长江朝东流去，千百年来，所有才华横溢的英雄豪杰，都被长江滚滚的波浪冲洗掉了。那旧营垒的西边，人们说：那是三国时周郎大破曹兵的赤壁。陡峭不平的石壁插入天空，惊人的巨浪拍打着江岸，卷起千堆雪似的层层浪花。祖国的江山啊，那一时期该有多少英雄豪杰！

遥想当年周公瑾，小乔刚刚嫁了过来，周公瑾英俊潇洒。手里拿着羽毛扇，头上戴着青丝帛的头巾，谈笑之间，曹操的无数战船在浓烟烈火中烧成灰烬。神游于故国战场，该笑我太多愁善感了，以致过早地生出白发。人的一生就像做了一场大梦，还是把一杯酒献给江上的明月，和我同饮共醉吧。

你若要喜爱你自己的价值，你就得给世界创造价值。（德国 歌德）

爱 莲 说

周敦颐

　　水陆草木之花，可爱者甚蕃。晋陶渊明独爱菊。自李唐来，世人盛爱牡丹。予独爱莲之出淤（yū）泥而不染，濯（zhuó）清涟而不妖，中通外直，不蔓（màn）不枝，香远益清，亭亭净植，可远观而不可亵（xiè）玩焉。

　　予谓菊，花之隐逸者也；牡丹，花之富贵者也；莲，花之君子者也。噫（yī）！菊之爱，陶后鲜（xiǎn）有闻。莲之爱，同予者何人？牡丹之爱，宜乎众矣。

编者寄语：

　　"说"是古代的一种文体，它可以直接说明事物，阐述事理，可以通过叙事，写人，咏物，议论说道理，也可以发表作者的感想。周敦颐的《爱莲说》正是这种托物言志的文体中一篇不可多得的传世佳作。

这篇短文的意思是：水里、陆上各种花草树木，值得喜爱的很多。晋朝陶渊明只喜爱菊花；自从唐朝以来，世上的人大多很喜爱牡丹；我则唯独喜爱莲：莲从污泥里长出来却不被沾染，在清水里洗涤过但是并不显得妖媚，荷梗中间贯通，外形挺直，不生枝蔓，不长枝节，香气传送到远处，更加使人觉得清幽，笔直地洁净地立在那里，可以在远处观赏，却不能贴近去玩弄啊。

　　这篇短文告诉我们：一个人不管处在怎样的环境里，都要洁身自好，像莲一样"出淤（yū）泥而不染，濯（zhuó）清涟而不妖。"

海内存知己，天涯若比邻。（王勃）

陋 室 铭

刘禹锡

　　山不在高，有仙则名。水不在深，有龙则灵。斯是陋室，唯吾德馨（xīn）。苔痕上阶绿，草色入帘（lián）青。谈笑有鸿儒（rú），往来无白丁。可以调素琴，阅金经。无丝竹之乱耳，无案牍（dú）之劳形。南阳诸葛庐，西蜀子云亭。孔子云：何陋之有？

编者寄语：

　　这篇短文的意思是：山不一定要高，有了仙人就著名了。水不一定要深，有了龙就灵异了。这虽是简陋的房子，只是我的品德美好（就不感到简陋了）。青苔碧绿，长到台阶上，草色青葱，映入帘子中。与我谈笑的是博学的人，往来的没有不懂学问的人。可以弹奏朴素的古琴，阅读珍贵的佛经。没有嘈杂的音乐扰乱两耳，没有官府公文劳累身心。它好比南阳诸葛亮的茅庐，西蜀扬子云的玄亭。孔子说："有什么简陋的呢？"

这篇不足百字的室铭，含而不露地表现了作者安贫乐道、洁身自好的高雅志趣和不与世事沉浮的独立人格。它向人们揭示了这样一个道理：尽管居室简陋、物质匮（kuì）乏，但只要居室主人品德高尚、生活充实，那就会满屋生香，处处可见雅趣逸志，自有一种超越物质的神奇精神力量。

海上生明月，天涯共此时。（张九龄）

舍 生 取 义

孟 子

鱼，我所欲也，熊掌，亦我所欲也；二者不可得兼，舍鱼而取熊掌者也。生，亦我所欲也，义，亦我所欲也；二者不可得兼，舍生而取义者也。

编者寄语：

孟子（公元前372年~公元前289年），战国时期鲁国人。中国古代著名思想家，教育家，战国时期儒家代表人物。著有《孟子》一书。继承并发扬了孔子的思想，成为仅次于孔子的一代儒家宗师，有"亚圣"之称，与孔子合称为"孔孟"。有作品《孟子》流传后世。

这篇短文的意思是：鱼是我所喜欢吃的，熊掌也是我所喜欢吃的；如果两者不能都吃的话，我便丢掉鱼而吃熊掌。生命是我所喜爱的，义也是我所喜爱的；如果两者不能并有，我便舍弃生命而取义。

这篇文章里，孟子阐述了"舍生取义"的主张，批判了见利忘义的行为。生命诚然可贵，而高尚的道德行为是更为重要、更宝贵的，当"生"和"义"不能兼得时，应该有舍生取义的牺牲精神。

沐浴阳光一路欢歌远航

久旱逢甘雨，他乡遇故知。（汪洙）

谈 生 命

我不敢说生命是什么，我只能说生命像什么。

生命像向东流的一江春水，他从最高处发源，冰雪是他的前身。他聚集起许多细流，合成一股有力的洪涛，向下奔注，他曲折地穿过了悬崖峭壁，冲倒了层沙积土，挟（xié）卷着滚滚的沙石，快乐勇敢地流走，一路上他享受着他所遭遇的一切。有时候他遇到巉（chán）岩前阻，他愤激地奔腾了起来，怒吼着，回旋着，前波后浪地起伏催逼，直到冲倒了这危崖，他才心平气和地一泻千里。有时候他经过了细细的平沙，斜阳芳草里，看见了夹岸红艳的桃花，他快乐而又羞怯，静静地流着，低低地吟唱着，轻轻地度过这一段浪漫的行程。有时候他遇到暴风雨，这激电，这迅雷，使他心魂惊骇，疾风吹卷起他，大雨击打着他，他暂时浑浊了，扰乱了，而雨过天晴，只加给他许多新生的力量。有时候他遇到了晚霞和新月，向他照耀，向他投影，清冷中带些幽幽的温暖：这时他只想憩（qì）息，只想睡眠，而那股前进的力量，仍催逼着他向前走……终于有一天，他远远地望见了大海，呵！他已到了行程的终结，这大海，使他屏息，使他低头，她多么辽阔，多么伟大！多么光明，又多么黑暗！大海庄严地伸出臂儿来接引他，他一声不响地流入她的怀里。他消融了，归化了，说不上快乐，也没有悲哀！也许有一天，他再从海上蓬蓬地雨点中升起，飞向西来，再形成一道江流，再冲倒两旁的石壁，再来寻夹岸的桃花。然而我不敢说来生，也不敢相信来生！

生命又像一颗小树，他从地底聚集起许多生力，在冰雪下欠伸，在早春润湿的泥土中，勇敢快乐地破壳出来。他也许长在平原上，岩石上，城墙上，只要他抬头看见了天，呵！看见了天！他便伸出嫩叶来吸收空气，承受阳光，在雨中吟唱，在风中跳舞。他也许受着大树的荫遮，也许受着大树的覆压，而他青春生长的力量，终使他穿枝拂叶地挣脱了出来，在烈日下挺立抬头！他遇着骄奢的春天，他也许开出满树的繁花，蜂蝶围绕着他飘翔喧闹，小鸟在他枝头欣赏唱歌，他会听见黄莺清吟，杜鹃啼血，也许还听见枭（xiāo）鸟的怪鸣。他长到最茂盛的中年，他伸展出他如盖的浓荫，来荫庇（bì）树下的幽花芳草，他结出累累的果实，来呈现大地无尽的甜美与芳馨（xīn）。秋风起了，将他叶子，由浓绿吹到绯（fēi）红，秋阳下他再有一番的庄严灿烂，不是开花的骄傲，也不是结果的快乐，而是成功后的宁静和怡悦！终于有一天，冬天的朔风把他的黄叶干枝，卷落吹抖，他无力地在空中旋舞，在根下呻吟，大地庄严地伸出臂儿来接引他，他一声不响地落在她的怀里。他消融了，归化了，他说不上快乐，也没有悲哀！也许有一天，他再从地下的果仁中，破裂了出来，又长成一棵小树，再穿过丛莽的严遮，再来听黄莺的歌唱，然而我不敢说来生，也不敢信来生。

宇宙是个大生命，我们是宇宙大气中之一息。江流入海，叶落归根，我们是大生命中之一叶，大生命中之一滴。在宇宙的大生命中，我们是多么卑微，多么渺小，而一滴一叶的活动生长合成了整个宇宙的进化运行。要记住：不是每一道江流都能入海，不流动的便成了死湖；不是每一粒种子都能成树，不生长的便成了空壳！生命中不是永远快乐，也不是永远痛苦，快乐和痛苦是相生相成的。等于水道要经过不同的两岸，树木要经过常变的四时。在快乐中我们要感谢生命，在痛苦中我们也要感谢生命。快乐固然兴奋，苦痛又何尝不美丽？我曾读到一个警句，它说"愿你生命中有够多的云翳（yì），来造成一个美丽的黄昏"。世界、国家和个人的生命中的云翳没有比今天的再多的了。

编者寄语：

　　文章运用拟人化手法，形象化地揭示了生命的一般规律，表达了坚强的意志和豁达乐观的精神。让我们为之一振。"愿你生命中有够多的云翳，来造成一个美丽的黄昏。"这句话非常的生动形象，说明了人的一生应该经历幸福和痛苦、快乐和悲哀等，只有单一的经历是不行的。这里的"云翳"喻指丰富多样的经历、体验；"美丽的黄昏"喻指人活到一定的年龄。说人到了老年，即使有无限感慨也应感到幸福和欣慰。

岁寒知松柏，患难见真情。（无名氏）

松树的风格

陶 铸

我对松树怀有敬佩之心不自今日始。自古以来，多少人就歌颂过它，赞美过它，把它作为崇高的品质的象征。

你看它不管是在悬崖的缝隙间也好，不管是在贫瘠的土地上也好，只要有一粒种子——这粒种子也不管是你有意种植的，还是随意丢落的，也不管是风吹来的，还是从飞鸟的嘴里跌落的，总之，只要有一粒种子，它就不择地势，不畏严寒酷热，随处茁壮地生长起来了。它既不需要谁来施肥，也不需要谁来灌溉。狂风吹不倒它，洪水淹不没它，严寒冻不死它，干旱旱不坏它。它只是一味地无忧无虑地生长。松树的生命力可谓强矣！松树要求于人的可谓少矣！这是我每看到松树油然而生敬意的原因之一。

我对松树怀有敬意的更重要的原因却是它那种自我牺牲的精神。你看，松树是用途极广的木材，并且是很好的造纸原料；松树的叶子可以提制挥发油；松树的脂液可制松香、松节油，是很重要的工业原料；松树的根和枝又是很好的燃料。

更不用说在夏天，它用自己的枝叶挡住炎炎烈日，叫人们在如盖的绿荫下休憩；在黑夜，它可以劈成碎片做成火把，照亮人们前进的路。总之一句话，为了人类，它的确是做到了"粉身碎骨"的地步了。

要求于人的甚少，给予人的甚多，这就是松树的风格。

鲁迅先生说的"我吃的是草，挤出来的是牛奶，血"，也正是松树风格的写照。

自然，松树的风格中还包含着乐观主义的精神。你看它无论在严寒霜雪中，还是在盛夏烈日中，总是精神奕奕，从来都不知道什么叫做忧郁和畏惧。

我常想：杨柳婀娜多姿，可谓妩媚极了，桃李绚烂多彩，可谓鲜艳极了，但它们只是给人一种外表好看的印象，不能给人以力量。松树却不同，它可能不如杨柳与桃李那么好看，但它却给人以启发，以深思和勇气，尤其是想到它那种崇高的风格的时候，不由人不油然而生敬意。

编者寄语：

陶铸（1908-1969），又名陶际华，号剑寒，化名陶磊。

《松树的风格》是一首松树风格的赞歌，作者先是讴歌松树生命的顽强，接着是歌颂松树那种自我牺牲的献身精神。当然，作者的目的不仅仅是赞美松树，而是在赞美松树的同时，号召我们学习松树的精神。

"要求于人的甚少，给予人的甚多"意思是说要多奉献，少索取。听起来道理很大，做起来其实很简单。比如：我们作为子女，可以从身边的点滴小事做起，回报我们的父母，而不是把享受父母的爱看作是理所当然的事；与同学相处时，多关心和帮助身边的同学；将来走出社会，尽你的绵薄之力，奉献你的爱心，赠人玫瑰，手有余香。

千里送鹅毛，礼轻情意重。（邢俊臣）

白 杨 礼 赞

茅 盾

白杨树实在不是平凡的,我赞美白杨树!

当汽车在望不到边际的高原上奔驰,扑入你的视野的,是黄绿错综的一条大毯子;黄的是土,未开垦的荒地,几十万年前由伟大的自然力所堆积成功的黄土高原的外壳;绿的呢,是人类劳力战胜自然的成果,是麦田。和风吹送,翻起了一轮一轮的绿波——这时你会真心佩服昔人所造的两个字"麦浪",若不是妙手偶得,便确是经过锤炼的语言的精华。黄与绿主宰着,无边无垠,坦荡如砥,这时如果不是宛若并肩的远山的连峰提醒了你(这些山峰凭你的肉眼来判断,就知道是在你脚底下的),你会忘记了汽车是在高原上行驶,这时你涌起来的感想也许是"雄壮",也许是"伟大",诸如此类的形容词,然而同时你的眼睛也许觉得有点倦怠,你对当前的"雄壮"或"伟大"闭了眼，而另一种味儿在你心头潜滋暗长了——"单调"。可不是？单调，有一点儿罢？

然而刹那间，要是你猛抬眼看见了前面远远地有一排——不，或者甚至只是三五株，一两株，傲然地耸立，像哨兵似的树木的话，那你的恹恹欲睡的情绪又将如何？我那时是惊奇地叫了一声的。

那就是白杨树，西北极普通的一种树，然而实在不是平凡的一种树！

那是力争上游的一种树，笔直的干，笔直的枝。它的干呢，通常是丈把高，像加过人工似的，一丈以内绝无旁枝；它所有的丫枝，一律向上，而且紧紧靠拢，也像加过人工似的，成为一束，绝无旁逸斜出。它的宽大的叶子也是片片向上，几乎没有斜生的，更不用说倒垂了。它的皮，光滑而有银色的晕圈，微微泛出淡青色。这是虽在北方的风雪的压迫下却保持着倔强挺立的一种树！哪怕只有碗那样粗细，它却努力向上发展，高到丈许，二丈，参天耸立，不折不挠，对抗着西北风。

这就是白杨树，西北极普通的一种树，然而决不是平凡的树。

它没有婆娑的姿态，没有屈曲盘旋的虬枝。也许你要说它不美丽，如果美是专指"婆娑"或"旁逸斜出"之类而言，那么，白杨树算不得树中的好女子。但是它却是伟岸，正直，朴质，严肃，也不缺乏温和，更不用提它的坚强不屈与挺拔，它是树中的伟丈夫。当你在积雪初融的高原上走过，看见平坦的大地上傲然挺立这么一株或一排白杨树，难道你觉得树只是树？难道你就不想到它的朴质，严肃，坚强不屈，至少也象征了北方的农民？难道你竟一点也不联想到，在敌后的广大土地上，到处有坚强不屈，就像这白杨树一样傲然挺立的守卫他们家乡的哨兵？难道你又不更远一点想到这样枝枝叶叶靠紧团结，力求上进的白杨树，宛然象征了今天在华北平原纵横决荡，用血写出新中国历史的那种精神和意志？

　　白杨树不是平凡的树，它在西北极普遍，不被人重视，就跟北方农民相似；它有极强的生命力，磨折不了，压迫不倒，也跟北方的农民相似。我赞美白杨树，就因为它不但象征了北方的农民，尤其象征了今天我们民族解放斗争中所不可缺的朴质，坚强，以及力求上进的精神。

　　让那些看不起民众、贱视民众、顽固的倒退的人们去赞美那贵族化的楠木（那也是直干秀颀的），去鄙视这极常见、极易生长的白杨吧，我要高声赞美白杨树。

编者寄语：

茅盾（1896—1981），中国现代杰出的作家、文化活动家和社会活动家。原名沈德鸿，字雁冰，浙江桐乡人。主要作品有长篇小说《子夜》《腐蚀》，中篇小说《幻灭》《动摇》《追求》三部曲，剧本《清明前后》等等。作品编为《茅盾全集》。

《白杨礼赞》写于1941年3月，是茅盾根据自己1940年从新疆归来赴延安途中的见闻和感受写的一篇散文。当时，伟大的抗日战争正处于艰苦的相持阶段，日本帝国主义正加紧对国民党的诱降。国民党反动政府阴谋制造了"皖南事变"，进犯抗日根据地；日寇也因此肆无忌惮地向我敌后抗日根据地进行疯狂扫荡。面对这种严酷的现实，全国人民，特别是抗日根据地军民在中国共产党与毛泽东的领导下，毫不妥协，坚持抗战。

这篇散文以赞美白杨树的"不平凡"为抒情线索，运用象征手法，托物言志，歌颂了整个中华民族奋发向上的精神。爱憎分明，感情炽烈，有着一种特殊的艺术魅力。尤其是它那质朴的语言，新颖巧妙的构思，成功地运用象征、比喻、排比等手法，更是令人赞叹。

近朱者赤，近墨者黑。（傅玄）

沁园春·雪

毛泽东

北国风光，千里冰封，万里雪飘。望长城内外，惟余莽（mǎng）莽；大河上下，顿失滔滔。山舞银蛇，原驰蜡象，欲与天公试比高。须晴日，看红装素裹，分外妖娆（ráo）。

江山如此多娇，引无数英雄竞折腰。惜秦皇汉武，略输文采；唐宗宋祖，稍逊风骚（sāo）。一代天骄，成吉思汗，只识弯弓射大雕。俱往矣，数风流人物，还看今朝（zhāo）。

编者寄语：

《沁园春·雪》突出体现了毛泽东词风的雄阔豪放、气势磅礴，全词用字遣词，明快有力，挥洒自如，

中华经典美文诵读读本 ZHONGHUAJINGDIANMEIWEN

辞义畅达，一泻千里，写出了毛泽东领袖博大的胸襟和抱负。

诵读这首词，我们仿佛看到了这样一幅壮美的图画：我国北方的雪景，大地全部被冰雪覆盖，经常是漫天的雪花飞舞。眺望长城南北，只剩下白茫茫的一片；黄河上下游，流水也顿时失去了波涛滚滚的气势。连绵的群山像银蛇一样蜿蜒游走，秦晋高原则如一群白象在不停地奔驰，似乎要与苍天比试一下高低。等到天晴的时候，再看红日照耀下的白雪，格外娇艳动人。

祖国的山川是这样的壮丽，令古往今来无数的英雄豪杰不住地赞叹。只可惜像秦始皇、汉武帝这样勇武的帝王，却没有注重文治；唐太宗和宋太祖，文学才华又略显不足。而当时称雄一世的成吉思汗，却只知道注重武功（而轻视了思想文化的建树）。这些都已过去，成为历史了，真正能够称得上英雄人物的，还要看今天的人们。

君子坦荡荡，小人长戚戚。（孔子）

江城子·密州出猎

（宋）苏 轼

老夫聊发少年狂，左牵黄，右擎（qíng）苍，锦帽貂（diāo）裘（qiú），千骑（jì）卷平冈。为报倾城随太守，亲射虎，看孙郎。

酒酣（hān）胸胆尚开张。鬓微霜，又何妨！持节云中，何日遣冯唐？会挽雕弓如满月，西北望，射天狼。

编者寄语：

本词是苏轼最早的一首豪放词。通过描写出猎的盛况，体现了作者希望保卫边疆，为国效命的决心。这首词感情纵横奔放，气势恢弘，充满阳刚之美。

整首词的意思是：我姑且施展一下少年时打猎的豪情壮志，左手牵着黄犬，右臂托起苍鹰。随从将士们戴着华美鲜艳的帽子，穿着貂皮做的衣服，带着上千骑的随从疾风般席卷平坦的山冈。为了报答满城的人跟随我出猎的盛情厚意，看我亲自射杀猛虎，犹如昔日的孙权那样威猛。

我虽沉醉但胸怀开阔胆略兴张，鬓边白发有如微霜，这又有何妨？什么时候皇帝会派人下来，就像汉文帝派遣冯唐去云中赦免魏尚的罪呢？我将使尽力气拉满雕弓就像满月一样，朝着弓矢西北瞄望，奋勇射杀西夏军队！

沐浴阳光

一路欢歌远航

轻诺必寡信。(《老子》)

踏歌抒怀 点燃豪情万丈

满 江 红

岳 飞

怒发冲冠，凭阑（lán）处，潇（xiāo）潇雨歇。抬望眼，仰天长啸，壮怀激烈。三十功名尘与土，八千里路云和月。莫等闲，白了少年头，空悲切。

靖康耻，犹未雪；臣子恨，何时灭？驾长车，踏破贺兰山缺。壮志饥餐胡虏（lǔ）肉，笑谈渴饮匈奴血。待从头，收拾旧山河，朝天阙（què）。

编者寄语：

岳飞诗词，虽留传极少，但这首《满江红》英勇而悲壮，深为人们所喜爱。它真实、充分地反映了岳飞精忠报国、一腔热血的英雄气概。岳飞此词，激励着中华民族的爱国心。抗战期间这首词曲以其低沉但却雄壮的声韵感染了中华儿女。

整首词的意思是：愤怒得头发直竖冲开高冠，凭借着栏杆之处，潇潇的雨声刚好停歇。抬头朝着远方眺望，仰起头来对着天空大声呼啸，奋发图强的志气激动不已。年已三十，虽建立了一些功业却像尘土，八千里路的行军战斗有如披云戴月。一定不要轻意地让少年的头发花白。

靖康二年，北宋的大辱奇耻，还未洗雪，为人臣的愤恨，何时才能熄灭！驾驶战车，冲破阻拦像踏破贺兰山的空缺。英雄的志气要像饥饿一样狠狠吃掉敌人的肉，要在说说笑笑之间喝尽敌人的血，等待着从头收拾整理旧时的山河，然后朝拜皇帝的宫阙。

民无信不立。（《论语》）

忆秦娥·娄（lóu）山关

毛泽东

西风烈，长空雁叫霜晨月。霜晨月，马蹄声碎，喇叭声咽。

雄关漫道真如铁，而今迈步从头越。从头越，苍山如海，残阳如血。

编者寄语：

本词以娄山关之战为题材，虽然写的是翻越娄山关的行军情景，是胜利后的所见所闻所感。全词不长，上下两阕，通篇只有46个字，但雄奇悲壮，气势如虹，寥寥数笔，像一幅出自大师手笔的简笔画，为我们勾勒出一幅雄浑壮阔的冬夜行军图，表现了作者面对失利和困难从容不迫的气度和博大胸怀。

　　整首词的意思是：凛冽的西风正猛烈地吹着，大雁鸣霜，晓月当空。晓月当空，马蹄声零碎而又纷杂，军号声深沉。不要说群山起伏像铁一般难以逾越，而今让我们重振旗鼓向前。重振旗鼓向前，茫茫青山如大海，夕阳光华赤如血。

不精不诚，不能动人。（《庄子》）

菩萨蛮·书江西造口壁

（宋）辛弃疾

郁孤台下清江水，中间多少行人泪！西北望长安，可怜无数山。青山遮不住，毕竟东流去。江晚正愁余，山深闻鹧（zhè）鸪（gū）。

编者寄语：

　　本词是宋孝宗淳熙三年，作者在赣州任江西提点刑狱时所写。作者路过皂口，见景生情，由郁孤台下的江水联想到当年逃难人民的血泪，想到沦陷的中原，禁不住产生了江山易主却无法收复的悲痛。这首词含蓄地表达了作者对南宋统治集团屈辱求和这一错误政策的不满，抒写了他希望祖国统一的爱国情怀。

　　整首词的意思是：郁孤台下这赣江的流水，水中有多少逃难的人的眼泪。我抬头眺望西北的长安，可惜只见到无数的青山。但青山怎能把江水挡住，浩浩江水终于向东流去。江边夜晚我正满怀愁绪，听到深山传来声声鹧鸪的叫声。

踏歌抒怀

点燃豪情万丈

诚者，天之道也；诚之者，人之道也。（《礼记》）

清 平 乐 · 会 昌

毛泽东

东方欲晓，莫道君行早。踏遍青山人未老，风景这边独好。

会昌城外高峰，颠连直接东溟（míng）。战士指看南粤（yuè），更加郁郁葱葱。

编者寄语：

《清平乐·会昌》一词通过登临会昌山的所见所想，表现了作者对中国革命前途充满信心和希望，但也流露出一种忧郁之情。由于极左路线的错误领导，当时中央根据地第五次反"围剿"形势十分严峻。但坚定的信念和乐观的激情充盈着作者的心，所以本词写得轻松随意，所涉及的事物似乎只是登上山巅的片刻和眼中有限的景物，但作者以心驭景，以景写心，却在短短的词中写出了深远博大的内涵。

　　整首词的意思是：东方就将初露曙（shǔ）色，但请不要说你来得早。我踏遍青山仍正当年华，这儿的风景最好。会昌县城外面的山峰，一气直接连去东海。战士们眺望指点广东，那边更为青葱。

有所期诺，纤毫必偿；有所期约，时刻不易。（《袁氏世范》）

菩萨蛮·大柏地

毛泽东

赤橙黄绿青蓝紫，

谁持彩练当空舞？

雨后复斜阳，

关山阵阵苍。

当年鏖（áo）战急，

弹洞前村壁。

装点此关山，

今朝更好看。

编者寄语：

　　瑞金是中国第一个红色政权——中华苏维埃共和国临时中央政府诞生地,中央革命根据地的中心,被誉为"红都"。毛泽东、朱德、邓小平等老一辈无产阶级革命家曾工作、生活、战斗在这里。大柏地在瑞金县城北25公里。1929年1月,毛泽东同志和朱德同志率领红军从井冈山出发,2月1日,同追来的国民党反动派在大柏地打了一仗,大获全胜。1933年夏天,毛泽东同志重新经过大柏地,触景生情,写了这首词。这是一首追忆战争的诗篇,但却没有激烈愤慨或血腥的战争场面,只有江山之美跃然于眼前。回忆是美好的,只要成为过去就会变成亲切的回忆,尤其是诗人要在这里凭吊昔日得胜战场,而身边的夏日黄昏的美景宁静而青翠,仿佛大自然此刻也懂得了诗人愉悦的心情。

兄弟敦和睦,朋友笃诚信。（陈子昂）

纪　念　八　一

朱　德

南昌首义诞新军，
喜庆工农始有兵。
革命大旗撑在手，
终归胜利属人民。

编者寄语：

　　1927年8月1日，周恩来、贺龙、叶挺、朱德、刘伯承等在南昌领导的著名的武装起义，向国民党打响了第一枪。八一南昌起义标志着我党独立领导革命战争和创建革命队伍的开始。1933年7月1日，中华工农民主共和国中央政府作出决议，规定每年的8月1日为中国工农红军纪念日，即现在的中国人民解放军建军节。1957年7月，中国人民解放军建军三十周年前夕，朱德满怀喜悦写下了这首七绝。

言必信，行必果。（《论语·子路》）

就 义 诗

夏明翰

砍头不要紧，

只要主义真。

杀了夏明翰，

还有后来人。

编者寄语：

夏明翰（1889－1928）湖南衡阳人。"五四"运动时，是衡阳学生联合会的领导者。1920年到长沙，从事学生爱国运动。1925年以后，担任中共湖南省委委员，1928年2月8日被捕，次日即遭国民党反动派杀害。夏明翰就义时，凶手问他有什么遗言，他要来纸笔，一挥而就，写了这四句诗。体现了革命烈士为祖国献身，为革命坚贞不屈，视死如归的革命精神和大无畏的英雄气概。

与朋友交，言而有信。（《论语·学而》）

把牢底坐穿

何敬平

为了免除下一代的苦难，

我们愿——

愿把这牢底坐穿！

我们是天生的叛逆者，

我们要把这颠倒的乾坤扭转！

我们要把这不合理的一切打翻！

今天，我们坐牢了，

坐牢又有什么稀罕？

为了免除下一代的苦难，

我们愿——

愿把这牢底坐穿！

编者寄语：

这是一首现代诗，这首脍炙人口的不朽诗篇，是革命烈士何敬平1948年夏在国民党中美合作所渣滓洞集中营写下的。半个多世纪来，它已深深地印在了人们的心中。作者在诗中抒发了革命烈士的壮志豪情，表达了与敌人斗争到底的决心。

囚 歌

叶 挺

为人进出的门紧锁着，

为狗爬出的洞敞开着，

一个声音高叫着——

爬出来吧，给你自由！

我渴望自由，

但我深深地知道——

人的身躯怎能从狗洞子里爬出！

我希望有一天，

地下的烈火，

将我连这活棺材一齐烧掉，

我应该在烈火与热血中得到永生！

编者寄语：

叶挺是中国人民解放军的创始人和新四军重要领导人之一，是闻名国内外的军事家，他所在的国民革命军第四军在北伐中被誉为"铁军"。他参与指挥南昌起义并出任前敌总指挥，参加广州起义时任起义军工农红军总司令，抗日战争中又出任新四军军长，后在皖南事变中被国民党扣押，他拒绝蒋介石的威逼利诱，写出了著名的《囚歌》以明志。

这首诗共三节。第一节，揭露国民党对革命者威逼利诱的卑劣手段和丑恶嘴脸。朗读时，要用鄙视的语气，声音不可过高。第二节写作者面对敌人威逼利诱坚定不移的革命气节。读时，语调要高昂、坚定，以表现出诗人的凛然正气。第三节写作者对国民党反动派黑暗统治的愤慨和对胜利的渴望，坚信革命必胜。朗读时，语调要激越、高昂、豪放，表现出诗人的英雄气概。

信言不美,美言不信。善者不辩,辩者不善。（老子）

血 字

殷（yīn）夫

血液写成的大字，
斜斜地躺在南京路，
这个难忘的日子——
润饰着一年一度……

血液写成的大字，
刻划着千万声的高呼，
这个难忘的日子——
几万个心灵暴怒……

血液写成的大字，
记录着冲突的经过，
这个难忘的日子——

狞（níng）笑着几多叛徒……

"五卅（sà）"哟！
立起来，在南京路走！
把你血的光芒射到天的尽头，
把你刚强的姿态投映到黄浦江口，
把你的洪钟般的预言震动宇宙！

今日他们的天堂，
他日他们的地狱，
今日我们的血液写成字，
异日他们的泪水可入浴。

我是一个叛乱的开始，
我也是历史的长子，
我是海燕，
我是时代的尖刺。

"五"要成为报复的枷（jiā）子，
"卅"要成为囚禁仇敌的铁栅（shān），

"五"要分成镰刀和铁锤,

"卅"要成为断铐和炮弹!……

两个血字不该再放光辉,

千万的心音够坚决了,

这个日子应该即刻消毁!

编者寄语:

　　殷夫,是无产阶级革命诗歌的第一个真正的诗人。《血字》是殷夫在1929年11月为纪念"五卅"惨案四周年写的。它以一九二五年在上海发生的震惊中外的"五卅"惨案为题材,通过铿锵有力的语言,表现了一个革命者为新时代催生的豪迈气概。鲁迅曾说,"那一声声振奋人心的呐喊,是林中的响箭,是冬末的萌芽,是时代的呼唤之歌。"

世界上最聪明的人是最老实的人。(周恩来)

囚 徒 歌

林基路

我噙泪低吟民族的史册，

一朝朝，一代代，

但见忧国伤时之士，

赍（jī）志含忿（fèn）赴刑场。

血口獠（liáo）牙的豺狼，

总是跋（bá）扈（hù）嚣（xiāo）张。

哦！民族，苦难的亲娘！

为你那五千年的高龄，

已屈死了无数的英烈。

为你那亿万年的伟业，

还要捐弃多少忠良！

铜墙，困死了报国的壮志，

黑暗，吞噬（shì）着有为的躯体，

镣链，锁折了自由的双翅。

这森严的铁门，囚禁着多少国士！

豆其相煎，便宜了民族仇敌。

无穷的罪恶，终要叫种恶果者自食，

难闻的血腥，用噬血者的血去洗。

囚徒，新的囚徒，坚定信念，贞守立场！

砍头枪毙，告老还乡；

严刑拷打，便饭家常。

囚徒，新的囚徒，坚定信念，贞守立场！

掷我们的头颅，奠筑自由的金字塔，

洒我们的鲜血，染成红旗，万载飘扬！

1942年9月，反动军阀盛世才将大批在新疆工作的中共党员逮捕入狱。敌人对林基路严刑逼供，林基路坚贞不屈，在狱中建立党的秘密组织，继续同敌人进行坚决斗争，表现出共产党员的钢铁意志和崇高气节。1943年，林基路在迪化第四监狱东院5号，用香灰头写下了著名的《囚徒歌》，表达了对革命的忠贞和坚定的信念。

林基路被称为"诗人烈士"，《囚徒歌》就是诗人用鲜血和生命写成的。这首诗共有三节，第一节回顾历史可用悲愤的语气诵读，第二节用悲痛、忧虑的语气读出我们民族遭受的苦难，第三节用慷慨激昂的语气读出作者坚定的信念。

踏歌抒怀 点燃豪情万丈

诚心能叫石头落泪，实意能叫枯木发芽。

壮 烈 歌

刘绍南

壮，好汉！

铡（zhá）刀下，把话讲：

土豪劣绅，一群狗党，

万恶滔天，刮民血汗。

休要太猖狂！

革命人，你杀不完。

有朝一日——

血要用血还。

刀放头上不胆寒，

英勇就义——

壮！壮！壮！

烈，豪杰！

铡刀下，不变节，

要杀就杀，要砍就砍，

要我说党，我决不说。

杀死我一人，

革命杀不绝。

直到流尽了——

最后一滴血，

眼睛哪肯把敌瞥！

宁死不屈——

烈！烈！烈！

1926年春受党组织派遣,刘绍南回家乡发动和领导工农革命运动。大革命失败后,刘绍南等继续坚持地下革命斗争。1927年,刘绍南担任了中国工农红军十六师政治部主任。1928年夏,红十六师挺进湘西,刘绍南留守洪湖。7月10日,由于叛徒告密,刘绍南等在召开党的秘密会议时被敌人重重包围,伤重被捕。被捕后,面对敌人高官厚禄的收买,刘绍南不为所动,坚决斗争。刑场上,刘绍南高唱起自己在狱中写下的《壮烈歌》。1928年7月23日,刘绍南慷慨就义,年仅25岁。

帮助别人的人,能得到别人的帮助。

梅 岭 三 章

陈 毅

（一）

断头今日意如何？

创业艰难百战多。

此去泉台招旧部，

旌（jing）旗十万斩阎罗。

（二）

南国烽烟正十年，

此头须向国门悬。

后死诸君多努力，

捷报飞来当纸钱。

（三）

投身革命即为家，

血雨腥风应有涯。

取义成仁今日事，

人间遍种自由花。

编者寄语：

　　《梅岭三章》是1936年冬天，陈毅在梅岭被国民党四十六师围困时写下的三首诗。陈毅虽然处在危难之际，但献身革命的决心和对革命必胜的信心却矢（shǐ）志不移。他的革命乐观主义精神，成为中华民族的宝贵精神财富，激励着一代又一代华夏后人为中华民族的伟大复兴艰苦创业，勇往直前。

得道者多助，失道者寡助。（《孟子》）

带 镣 行

刘伯坚

带镣长街行，蹒跚复蹒跚，

市人争瞩目，我心无愧怍（zuò）。

带镣长街行，镣声何铿（kēng）锵（qiāng），

市人皆惊讶，我心自安详。

带镣长街行，志气愈轩昂，

拚（pīn）作阶下囚，工农齐解放。

　　1934年10月，红军主力离开江西长征，刘伯坚留下任赣南军区政治部主任。1935年3月初，刘伯坚在战斗中左腿中弹，不幸落入敌手。在被囚的17天中，他坚贞不屈，视死如归。他在遗书中把自己的一生归结为："生是为中国，死是为中国"，并以"我为中国作楚囚"自豪。1935年3月11日由大庚县狱中带脚镣经大街移囚绥（suí）署候审室，本诗写的就是当时的情景。

从善如登，从恶如崩。（《国语》）

滨 江 抒 怀

赵一曼

誓志为国不为家，
涉江渡海走天涯。
男儿岂是全都好，
女子缘何分外差?
一世忠贞兴故国，
满腔热血沃中华。
白山黑水除敌寇（kòu），
笑看旌旗红似花!

通过题目就可以看出这是一首述志抒情诗。本诗激情充溢，语意慷慨，气势如虹，焕发出激越高昂的阳刚之美。诗中那种雄壮奔放的格调，乐观积极的态度，胆魄过人的勇气，炙热如火的爱国主义激情，使我们对这位巾帼英雄充满了敬佩。

中华经典美文 诵读读本
ZHONGHUAJINGDIANMEIWEN

多行不义必自毙。（左传）

狱中纪实

方志敏

敌人只能砍下我们的头颅，
决不能动摇我们的信仰！
因为我们信仰的主义，
乃是宇宙的真理！
为着共产主义牺牲，
为着苏维埃流血，
那是我们十分情愿的啊！

　　方志敏，江西弋（yì）阳人。1934年率领红军抗日先遣队北上。1935年1月在与国民党反革命军队作战中被捕。这是方志敏烈士被俘入狱后，为揭发敌人的黑暗，伸张革命正义和激励同志们的革命斗志而写下的诗篇。从字里行间，我们可以感觉到革命前驱者对共产主义事业无比坚贞，对党对人民无比热爱的英勇精神和磅礴气概。同年8月6日在南昌被国民党反动派杀害。

己所不欲，勿施于人。（《论语·颜渊》）

苏区民歌三首

崇义来了毛委员

崇义来了毛委员，拨开乌云见青天。

打土豪，分田地，穷苦百姓喜连连。

还要打开赣州城

红军开会大天晴，一战打来一战赢。

打开崇义还不算，还要打开赣州城。

当兵就要当红军

当兵就要当红军，帮助工农打敌人。

消灭军阀国民党，民主革命快完成。

当兵就要当红军，处处工农来欢迎。

打倒土豪和劣绅，穷人翻身把田分。

80多年前，老一辈无产阶级革命家在赣南这块红土地上，创立了中华苏维埃共和国，开辟了人民政权的光辉道路。赣南等原中央苏区是人民共和国的摇篮和苏区精神的主要发源地，为中国革命作出了重大贡献和巨大牺牲，在中国革命史上具有特殊重要的地位。当年，中央苏区人民在极其艰难困苦的条件下，始终坚定地听党话、跟党走，全力以赴支援红军、支持革命；无数革命先烈抛头颅、洒热血，为中国革命的胜利和新中国的建立，立下了不可磨灭的历史功勋。据不完全统计，仅赣南苏区，当年240万人口中，就有33万余人扩红参军支前参战人员60余万人，有姓名记载的革命烈士达10.82万人，占全国烈士总数的7.5%，长征路上平均每公里就有3名赣南籍烈士的英魂。赣南人民是英雄的人民！赣南苏区这片洒满革命先烈鲜血的红土地，永远为党和人民所铭记！

今天，面对赣南苏区振兴发展的重大历史机遇，我们918万赣南人民红心向党，集体宣誓："铭记党的恩情，继承先烈遗志；弘扬苏区精神，共促赣南振兴；同心同德，艰苦奋斗，永远热爱党，永远跟党走，为赣南苏区振兴发展贡献力量。"

爱人者，人恒爱之；敬人者，人恒敬之。（《孟子·离娄下》）

参 观 遵 义 会 议 址

黄俊衍

遵义城头赤帜扬，中华俊彦聚庭堂。

同商国是扶危局，共议军机取胜方。

誓与公敌拼到底，敢将腐恶一扫光。

前仆后继兴基业，奋斗精神永颂扬。

编者寄语：

　　遵义会议会址位于遵义老城子尹路东侧，1935年1月15日至17日，中共中央政治局在贵州遵义召开的独立自主地解决中国革命问题的一次极其重要的扩大会议，是在红军第五次反"围剿"失败和长征初期严重受挫的情况下，为了纠正王明"左"倾领导在军事指挥上的错误而召开的。这次会议是中国共产党第一次

155

独立自主地运用马克思列宁主义基本原理解决自己的路线、方针政策的会议，在极端危险的时刻，挽救了党和红军。这是中国共产党历史上一个生死攸关的转折点，标志着中国共产党从幼年达到成熟。

老吾老，以及人之老；幼吾幼，以及人之幼。（《孟子·梁惠王上》）

题 上 堡 整 训

钟祖生

铁锤镰刀，当年遍看红旗舞。

云山树海，此处常闻军号鸣。

编者寄语：

崇义县上堡乡位于赣湘两省交界处。1927年11月，朱德、陈毅等率领南昌起义保存下来的部队，在这里进行了为期近一个月的整训，主要是整顿纪律和实施军事训练。在安远整军、信丰整纪、大余整队、上堡整训这"赣南四整"之中，上堡整训时间最长，效果最显著，成绩最大。上堡整训在人民解放军的建军史上具有重要的地位，被誉为"军旗不倒的地方"，在人民军队建军史上仅次于"南昌起义"（军旗升起的地方）、"三湾改编"（军旗跟党走的地方）。

　　通过上堡整训，南昌起义部队的军事政治素质大大提高，组织纪律进一步加强，逐步完成了从旧式军队向新型人民军队的转变。朱德、陈毅从此开始领导部队实现从城市到农村，从正规战到游击战，从单纯武装斗争到武装斗争与农民运动相结合的三大战略转变。上堡整训，在革命的危急关头保存了共产党领导的第一支正规部队。

　　历经７７年风雨历程，上堡乡至今仍保存了大量的"上堡整训"革命文物。赣南儿女常来这个被人们誉为"军旗不倒的地方"寻访历史的足迹。

君子成人之美,不成人之恶。（论语）

纪念王尔琢烈士诗两首

郭世依

（一）

清明登虎岭，含泪吊英雄。

黄埔真豪杰，石门黑旋风。

拯民千份爱，为党万般忠。

先烈捐躯处，鹃花似血红。

（二）

虎形岭下葬忠良，一片丹心总向阳。

肃叛当年何惜命，英名誉史万年长。

江西省崇义县思顺乡虽是个偏僻的山村，可在这思顺墟的虎形岭却长眠着一位赫赫有名的红军团长王尔琢烈士。

王尔琢是中国工农红军第4军参谋长兼第28团团长，协助毛泽东、朱德先后指挥五斗江、草市坳和龙源口等战斗，胜利粉碎湘赣两省国民党军的"会剿"。战将王尔琢的名字令敌人闻风丧胆，他所率领的红28团，因英勇善战，赢得了"飞兵二十八团"的佳誉。1928年8月25日，王尔琢在江西崇义思顺墟追回被裹胁的红军连队时，不幸被叛徒袁崇全杀害，年仅25岁，被葬在崇义县思顺圩的虎形山上。毛泽东、朱德在为王尔琢举行的追悼大会上高度评价了王尔琢为革命所作的贡献，毛泽东题写了挽联：

一哭尔琢，二哭尔琢，尔琢今已矣！留却重任谁承受？

生为阶级，死为阶级，阶级后如何？得到胜利始方休！

君子忧道不忧贫。（论语）

后　记

　　2009年，我校研究的课题"中华经典美文诵读实践"被江西省教育厅课题基地办立为省重点教科研课题（课题编号：BA09—036）。2011年课题顺利结题，课题成果——《中华经典美文诵读读本》于2011年5月出版发行。

　　2012年，根据新课标的精神和新形势的要求，为传承中华传统文化，弘扬民族精神，加强中小学生爱国主义教育，我们又申报了"红色文化进校园实践研究"这一新课题，作为已结项的省重点课题"中华经典美文诵读实践"的拓展和延伸。

　　再版的《中华经典美文诵读读本》之《红色经典品读》，正是立足于"红色文化进校园实践研究"这一新课题，在第一版《中华经典美文诵读读本》诵读实践的基础上，围绕着"立德、树人"的主题来精心选文的，既注重文学性，又注重思想性；既做到文字优美、浅显易懂，又做到适合诵读、朗朗上口。出版这本校本教材，目的是充分发挥诵读的立德、启智、培情、修性功能，通过诵读红色经典，让师生领略幸福的真谛，领会生命的价值，培育健康向上的人生态度。

　　该书的选编过程得到了各级领导和教育专家的倾情指导，得到了老师、家长和孩子们的广泛关注和大力支持，在此，一并表示感谢。本书选编了部分现当代优秀作家作品。对入选的优秀作品作者，我们代表广大少年儿童对他们致以崇高的敬意并表示诚挚的感谢。

　　愿我们的孩子在一篇篇经典美文地引领下，走进名家大师深邃的思想，进行一次心灵的洗礼！愿我们的孩子在声情并茂地诵读中悄然成长，做一个自立自强、忠诚坦荡、品德高尚的人！

《红色经典品读》编委会

2013年3月

图书在版编目（CIP）数据

中华经典美文诵读读本 / 郭家华主编. —— 南昌 : 百花洲文艺出版社, 2011.5
(2013.4重印)
ISBN 978-7-5500-0118-3

Ⅰ. ①中… Ⅱ. ①郭… Ⅲ. ①阅读课 – 小学 – 课外读物 Ⅳ. ①G624.233

中国版本图书馆CIP数据核字(2013)第058891号

中华经典美文诵读读本

郭家华　著

出 版 人	姚雪雪
特约编辑	孙　亮
责任编辑	赵　霞　刘　云
美术编辑	张诗思　李晶晶
制　　作	李晶晶
出版发行	百花洲文艺出版社
社　　址	南昌市阳明路310号
邮　　编	330008
经　　销	全国新华书店
印　　刷	江西新华印刷集团
开　　本	880mm×1260mm　1/32　印张　5.5
版　　次	2013年4月第1版第2次印刷
字　　数	100千字
书　　号	ISBN 978-7-5500-0118-3
定　　价	20.00元

赣版权登字05-2013-76

邮购联系　0791-86894736
网　　址　http://www.bhzwy.com
图书若有印装错误，影响阅读，可向承印厂联系调换。